L'image de la femme blanche

L'image de la femme blanche

blanche

(L'image de la femme blanche occidentale
en France et à travers le monde)

Joseph Lagrange

Éditeur :

Joseph Lagrange

BP 42896 Fare Tony

Papeete, Tahiti

Polynésie Française

Illustration couverture : Guillaume Tholly

ISBN : 978-2-9571270-0-9

Dépôt légal : Mars 2020

À ma grand-mère

Sommaire

Prologue

L'épiderme, cette couleur qui, dès la naissance, colle à la peau. Cette couleur qui renvoie à un inconnu, une première image de soi. Certes, les mentalités évoluent, le monde continue de se métisser et cela réduit les clichés et les idées reçues. Cependant, certains préjugés demeurent et le racisme et la xénophobie n'ont pas disparu.

Au quotidien, ne pas être obnubilé par le degré de mélanine et/ou l'appartenance religieuse d'une personne que l'on croise ou que l'on rencontre est important. Pour autant, ne jamais traiter le sujet et ne pas nommer clairement les choses relève du déni.

J'ai vécu en Guyane de sept à quinze ans, à Rémire-Montjoly, ville située à côté de Cayenne. Afin de décrire une personne, mes amis et moi n'hésitions pas à énoncer la couleur de peau de quelqu'un lorsque l'un de nos camarades ne connaissait pas le prénom de la personne qui était le sujet principal de notre conversation. Cela n'avait rien de discriminant, raciste ou insultant. J'ai ensuite vécu en France métropolitaine. Dès lors, j'ai découvert que le terme « Noir » peut mettre mal à l'aise un interlocuteur, majoritairement les Blancs. La peur d'être jugé raciste, le complexe du passé colonial français et une certaine bien-pensance sont des facteurs qui pèsent sur les mentalités. J'ai découvert que des termes tels Chabin, Couli étaient très peu connus en France. Dans la majorité des cas, un Blanc quand il ose décrire un Noir, utilise les termes « Blacks » pour les Noirs plutôt foncés de peau et « Métisses » pour les Noirs clairs de peau ce qui, selon moi, réduit considérablement les chances de reconnaître un individu dont on ne connaît pas le prénom.

Dans ce livre, j'utiliserai principalement le terme « Noir » et très rarement le terme « Black », laissant ainsi cet anglicisme aux divers mouvements égalitaires afro-américains et sud-africains.

L'idée d'écrire un livre sur ce sujet provient de mes années passées en Guyane, en France métropolitaine et en Australie. Mes différents séjours touristiques à l'étranger m'ont également inspiré. Les scènes de vie auxquelles j'ai assisté ou participé m'ont poussé à m'interroger sur l'impact de la couleur et des cultures dans les relations humaines.

Je me suis donc posé ces questions : en quoi certains Noirs, certains Arabes, ainsi que d'autres personnes dans le monde ont-ils une attirance particulière pour les femmes blanches ? En quoi certaines femmes blanches sont-elles autant attirées par les hommes Noirs, Arabes ou autres (Brésiliens, Japonais, etc.) ? Les réponses à ces questions sont diverses et empreintes de nuances. En effet, il n'existe pas une réponse type. Pour répondre à ces problématiques, cet ouvrage croise les ressources : livres, articles de presse et universitaire, blog, site web, témoignages ; ainsi que les sciences : histoire, psychologie, sociologie, religions.

J'espère vous apporter le plus de réponses possibles sur ce sujet et que vous prendrez plaisir à lire et découvrir les diverses informations données dans les différentes parties constituant ce livre.

Bonne lecture à vous.

Tourisme sexuel et séjour à l'étranger

Le sujet de ce livre implique que cette partie sur le tourisme sexuel et les séjours à l'étranger se base majoritairement sur les femmes occidentales.

Bien qu'il soit difficile d'obtenir des chiffres précis portant sur ce sujet, des études démontrent que le tourisme sexuel féminin reste marginal comparé à celui des hommes. Cependant, cette conception de voyage est en plein essor. Il représente entre 5 et 10 % du volume de la clientèle touristique féminine selon l'ECPTA (End child prostitution, child pornography and trafficking of children for sexual purposes)[1].

- __Histoire et définition__

Le tourisme sexuel signifie « un déplacement visant à obtenir des relations sexuelles avec un/une partenaire du pays de destination, dans le cadre d'un rapport marchand »[2].

Cette définition bien que pertinente, n'est qu'un condensé de ce qu'est réellement le tourisme sexuel.

Ce phénomène est bien plus large que cette définition. Le touriste peut être en voyage principalement pour le sexe, mais il peut également avoir d'autres loisirs à côté (locations de divers moyens de locomotions, matériels de loisirs, restaurants).

Aussi, certains voyageurs n'ont pas spécialement l'idée de passer à l'acte moyennant rémunération mais se laissent tenter lors d'une soirée.

Le tourisme sexuel peut être la résultante d'une rencontre entre deux voyageurs lors d'un séjour dans un club, un hôtel, un cours de surf, une boite de nuit, etc. Dans ce contexte, il n'y a donc pas ici de rémunération.

L'origine de tout cela se résume en trois mots : *Sea, Sex and Sun.*

---

[1] Mettre fin à la prostitution infantile, à la pornographie infantile et au trafic d'enfants à des fins d'exploitation sexuelle.

[2] Jean-François Staszak, « L'imaginaire géographique du tourisme sexuel », *L'Information géographique 2012/2 (Vol. 76)*, p. 17. *DOI 10.3917/lig.762.0016*

À la suite de la Seconde Guerre mondiale, l'hégémonie de la culture américaine (US) a débuté en Europe, « la capacité d'attraction de l'*American Way of Life*, la popularité de son cinéma, de ses universités, etc., sont autant d'atouts dans la compétition internationale qui lui permettent d'élargir son influence bien au-delà des territoires où son armée est présente »[3].

Musicalement, le rock et le twist se sont exportés dans l'ancien continent ; est née la période « yéyé »[4] (1959-1965).

Au même moment, dans les années 1960-1970, la Californie fut « synonyme d'expérimentation sexuelle et de remise en cause du couple monogame »[5].

Des chansons tels *California Dreamin'* (The Mama's & the Papa's), *Surfin' USA* (Beach Boys) véhiculent dans un certain sens ces nouvelles valeurs et mœurs jusqu'en Europe. Elles sont issues en partie du *Surf way of life*[6] (philosophie et style de vie provenant de la pratique du surf).

Ces mouvements de contre-culture donnent naissance aux hippies. L'une des chansons les plus populaires de ce courant est *San Francisco* de Scott McKenzie.

Cette chanson met en avant la ville de San Francisco en Californie composée d'une (jeune) génération entière qui possède une nouvelle façon de voir le monde (*There's a whole generation with a new explanation*). Il promet également aux personnes qui souhaitent venir à San Francisco un été d'amour (*If you come to San Francisco, summertime will be a love-in there*) mais ne promet pas le mariage. La rupture avec le modèle de société patriarcale classique est mise en lumière.

C'est donc dans ce contexte culturel que la génération d'après-guerre[7], plus communément appelée « *Baby-Boomers* » a associé la plage et les vacances au sexe.

---

[3] Pascal Boniface, *La Géopolitique,* Quatrième édition, Troisième tirage 2017, Eyrolles, p. 122.

[4] « *Yéyé* » : francisation du mot « Yeah » souvent utilisé deux ou trois fois à la suite dans les chansons rock et twist américaine de l'époque. Ex : Everybody say Yeah ! Yeah ! Yeah !

[5] Michel Bozon, *Sociologie de la sexualité*, Paris, Nathan Université, 2002, p. 86.

[6] https://gss.revues.org/1371

[7] Après-guerre : période suivant la fin de la Deuxième Guerre mondiale en

Le concept de révolution sexuelle puise en partie son héritage de cette période et va naître à la fin des années 1960 / début des années 1970.

En France, l'obtention d'une troisième semaine de congés payés en 1956, et d'une quatrième en 1969 favorisera les départs en vacances, l'essor du tourisme de masse et de fait, le cocktail vacances, plage, soleil et sexe dans l'imaginaire collectif.

À cet effet, l'origine de cet imaginaire collectif autour des vacances et du sexe pose la question suivante : quels liens existent-ils entre cet imaginaire et le tourisme sexuel international actuel ?

« On ne naît pas touriste, on le devient. À double titre: d'abord parce qu'on acquiert ou non, tout au long de sa jeunesse, une culture des vacances, du tourisme et des voyages qui marque nécessairement à l'âge adulte les habitudes, les pratiques touristiques. Parce qu'ensuite, nous sommes aussi peu ou prou, à travers les récits, les habitudes, les comportements qu'elles nous lèguent, le produit des générations de touristes et de voyageurs qui nous ont précédés. Impossible donc, pour comprendre le tourisme d'aujourd'hui, de faire l'impasse sur ce qu'il était hier »[8].

Cette citation démontre que les comportements des touristes occidentaux actuels sont empreints de leurs aïeuls. En somme, le lien sexe/vacances provient de la génération d'après-guerre, et le lien vacances à l'étranger/sexe est issu de ce lien. Il en est de même dans l'imaginaire collectif basé sur l'époque de la conquête des nouveaux mondes, et des colonies.

« Les phantasmes* que les touristes sexuels projettent sur le corps exotique et le caractère dichotomique de leur imaginaire géographique s'inscrivent dans des processus d'altérisation anciens, hérités de l'orientalisme et de la culture coloniale, qui sont à la base de l'éxotisation du monde, et que tous les touristes ont peu ou prou en partage. On en vient à douter de l'existence d'un imaginaire géographique spécifique aux touristes sexuels,

---

1945.

[8] Jean Viard, *Réinventer les vacances : La nouvelle galaxie du tourisme*, Paris, La Documentation française, 1998, p. 55.

* Phantasme : écriture de fantasme considéré actuellement comme vieillie.

dans la mesure où l'érotisation de l'ailleurs caractérise l'imaginaire de tous les touristes »[9].

Cet extrait d'article démontre que l'image de « l'indigène » est toujours présente dans l'imaginaire des touristes peu importe leur genre et leur sexualité. Le cliché de la vahiné polynésienne aux mœurs légères, du Latino-Américain musclé et bon danseur, de l'Africain fin et musclé joueur de djembé ont la vie dure.

- <u>**Types de séjour et profil**</u>

Le cas de figure le plus connu du grand public réside dans la « *Lovely Laura* » : « À partir des boutades entre hommes, Paulla Ebron a fait ressortir le mythe de « *Lovely Laura* », cette femme générique, blanche, dans la cinquantaine, d'origine britannique, dont le statut professionnel lui permet de voyager régulièrement en Afrique à la recherche de « compagnons de vie » qu'elle ramène avec elle en Angleterre, et dont elle se lasse rapidement »[10].

Ce type de femme est devenu au même titre que son homologue masculin, c'est-à-dire le cinquantenaire bedonnant possédant un teint de peau couleur homard cuit, car grillé par le soleil, un cliché du tourisme sexuel. À ce sujet, un film sur ce type de femme a été réalisé en 2012 « *Paradis : Amour* ». Ce film raconte l'histoire d'une femme autrichienne aux formes généreuses de 50-60 ans en quête d'amour ? De sexe ? D'attention ?… lors d'un voyage à l'étranger.

« *In their search for a masculine man, western women even accept domination from a foreigner that they would vociferously reject from a western man* »[11]. [Dans leur recherche de « vrai mâle », les femmes occidentales acceptent même d'être dominées par un étranger ; types de relations qu'elles rejetteraient catégoriquement avec un homme occidental].

---

[9] Jean-François Staszak, « L'imaginaire géographique du tourisme sexuel », *op. cit.*, p. 34.

[10] Karine Geoffrion, « Femmes blanches en Afrique subsaharienne. De coopération internationale à la mixité conjugale », *Cahiers d'études africaines* 2016/1 (N° 221), p. 132.

[11] J. Belliveau, ROMANCE ON THE ROAD. TRAVELING WOMEN WHO LOVE FOREIGN MEN, Batimore, 2006, Beau Monde Press, p. 136. Cité par J-F Staszak dans « L'imaginaire géographique... », p. 22.

De par son statut racial et social, la « Lovely Laura », appelée aussi « secrétaire canadienne » à Barbades, tisse sa relation avec l'autre via sa supériorité financière, ce qui dans son cas, permet de garder un certain contrôle dans ses relations. En effet, dans sa quête de « vrai mâle » elle peut se soumettre sans se sentir totalement inférieure car elle tient les rênes de la bourse.

Dans certains cas, le sentiment que cela crée chez la voyageuse et/ou les locaux est d'être une « woman out-of-place » (une femme qui n'est pas à sa place). « En d'autres termes, lorsqu'elle répond aux avances des hommes gambiens, car elle est une femme émancipée, « *Lovely Laura* » ne se rend pas bien compte à quel point elle enfreint les normes culturelles locales et heurte les sensibilités »[12]. En effet dans un pays tel que la Gambie, flirter avec un homme ou fonder un foyer hors mariage ne fait pas partie de la norme et peut donc étonner et amplifier la faille culturelle entre les différents protagonistes.

Dans son article, Karine Geoffrion, anthropologue à l'université de Montréal, a travaillé sur « l'expérience amoureuse et conjugale de femmes canadiennes qui se sont rendues en Afrique subsaharienne dans le cadre d'un séjour prolongé (entre six mois et cinq ans), principalement dans le cadre d'un programme de coopération internationale »[13]. Cet article constitue le cœur de mon développement sur ce sujet car je le juge très fourni et sérieux.

J'ai tout de même relevé un passage cocasse. Voici comment l'auteure tente de justifier sa relation (alors qu'elle n'a pas besoin de l'énoncer et/ou de se justifier) avec un local « pour le travail » : « Enfin, tout comme plusieurs anthropologues travaillant sur la question des couples mixtes (Breger & Hill 1998 ; Kelsky 2001 ; Therrien 2008, 2014), lors de mon séjour de travail au Ghana, j'ai moi aussi rencontré un homme avec qui j'ai fondé un foyer conjugal. Cette expérience personnelle a été une porte d'entrée sur le terrain et m'a permis de développer une empathie réflexive (Finlay 2005, 2006 ; Georgieff 2009) avec les femmes qui ont répondu à mon appel et qui m'ont livré leur expérience de couple, souvent difficile en contexte transnational »[14].

---

[12] Karine Geoffrion, « Femmes blanches... », *op. cit.*, p. 132.
[13] *Ibid.*, p. 130.
[14] *Ibid.*, p. 131.

Cet extrait m'a fait penser à un épisode de South Park[15], « *La meilleure gagneuse de Butters* »[16], dans lequel un policier jouait le rôle d'une prostituée afin de coincer des clients. Sa méthode était controversée. En effet, il allait jusqu'au bout de son rôle pour s'assurer que le client « paye et consomme ».

Cette parenthèse énoncée recèle un humour un brin potache, je vous l'accorde. Abordons son analyse qui traite du sujet des femmes en stage de coopération internationale, qui ont elles-mêmes fondé un foyer conjugal avec un local.

Ces femmes ont entre 20 et 35 ans. Elles sont toutes titulaires d'un diplôme universitaire, et de par leur envie d'effectuer un stage en coopération international, elles possèdent pour la majeure partie d'entre-elles une « fibre humanitaire ».

Cette « fibre » leur alloue fréquemment des valeurs altermondialistes ainsi qu'une envie de s'ouvrir sur le monde et une réelle envie d'intégration dans le pays de destination. C'est principalement cela qui distingue ce type de femme de la « *Lovely Laura* ».

Dans leurs élans de désir d'ailleurs, ces femmes évoquent souvent « l'Afrique » comme une entité unique. Or, l'Afrique est un continent constitué de plusieurs pays, plusieurs ethnies, plusieurs religions. « Les répondantes à l'étude font souvent référence à l'« Afrique » (et aux « Africains ») comme une entité plus ou moins homogène sur les plans de la culture et de l'environnement. Cependant, il est clair que le terme désignant le continent fait référence à l'Afrique subsaharienne de façon générale et, plus particulièrement, au pays où elles sont allées »[17].

Les jeunes femmes interrogées dans cette étude n'ont pas forcément à l'idée, avant leur départ, d'avoir une expérience avec un local. C'est le cas de Patricia, 24 ans : « Ah ! Moi ? Jamais de la vie. Je ne veux pas un Africain dans mon lit. Je ne veux pas un Africain dans ma vie [...]. Moi, j'ai peur d'être associée à ça : la fille qui n'est pas belle, mais qui se trouve un super beau monsieur. Ça m'écœure ! »[18]. Cet extrait démontre qu'elle est à la fois consciente de l'éxotisation des corps des locaux ainsi que des

---

15 South Park : série télévisée d'animation américaine.
16 Saison 13, Épisode 9.
17 K. Geoffrion, « Femmes blanches... », *op. cit.*, p. 135.
18 *Ibid.*, p. 133.

stéréotypes sur les couples Nord/Sud. Cependant, elle a elle-même crée un foyer conjugal au Togo une fois sur place.

Dans ces témoignages, le « schéma classique » de la création d'un foyer conjugal est l'arrivée dans le pays, puis la rencontre avec un homme qui fait partie intégrante du réseau des coopérants. Cet homme est bien souvent un professeur de danse traditionnelle, un animateur d'atelier de fabrication d'objets artisanaux…

Le passage à la relation amoureuse et à l'acte sexuel est souvent relativement long. La présentation à la famille, aux amis, aux proches précède ce passage. S'en suit un mariage « sur place ».

Quand la relation perdure, un autre mariage dans le pays originaire de la jeune femme s'effectue. Le conjoint rejoint sa conjointe afin de s'intégrer à son tour dans la culture occidentale, de trouver un travail, de fonder une famille et de couler des jours heureux jusqu'à ce que la mort les sépare (ou presque).

La fin du schéma est exagérée. En effet, sur toutes les femmes interrogées, une infime partie d'entre-elles sont encore en couple avec la personne qu'elles ont rencontrée durant leurs séjours. De plus, cette étude n'a pas le recul temporel nécessaire pour garantir la continuité sur le long terme des relations qui durent à ce jour.

- <u>Technique « commune » pour séduire une occidentale en mission de coopération humanitaire</u>

En Afrique subsaharienne la classe moyenne est quasiment inexistante. La classe bourgeoise de ces pays réside principalement dans les grandes villes. De par leur accès à l'éducation et à la mobilité internationale, cette classe aisée n'a pas la même image qu'une bonne partie de la population défavorisée a de « la blanche », à savoir un « ticket-out-poverty » (bon pour sortir de la pauvreté), voire pour certains « un portefeuille en peau de vagin ambulant».

« Elles veulent toutes être avec des Africains ! »[19], Auguste, 28 ans, Burkinabé vivant à Montréal avec une ancienne stagiaire

---

[19] *Ibid.*, p. 137.

en coopération internationale. Cet homme d'origine modeste vit aujourd'hui à Montréal tout comme huit de ses amis burkinabés ; ils ont su comment séduire ces femmes.

Tout d'abord, les hommes qui réussissent à séduire ces femmes occidentales possèdent deux qualités dont une que ne possède pas la majorité des autres hommes issus de la classe populaire. La qualité commune est l'exotisme. La qualité qui « fait la différence » réside dans la connaissance des codes de séductions occidentales. En effet, ceux-ci les distinguent des hommes qu'elles peuvent croiser dans la rue et qui hormis quelques regards insistants, des sifflets et divers bruits de bouche, n'ont pas grand-chose à proposer pour se démarquer des parades nuptiales adverses.

Comme évoqué précédemment, les hommes qui séduisent les Blanches font fréquemment partie du cercle des coopérants internationaux. Auguste était, par exemple, professeur de djembé. Cela permet de rencontrer plus facilement les jeunes femmes et de leur entrouvrir les portes de ce qu'elles recherchent, à savoir la « vraie Afrique » fantasmée via la musique, la danse, et l'artisanat local.

Le professeur sert bien entendu d'amant, mais également de protecteur car la Blanche peut se promener dans les rues et du fait qu'elle soit accompagnée, se sentir en sécurité et ainsi, « subir » moins de regards dérangeants de la part de la gente masculine locale.

De plus, il lui sert de guide touristique car il possède une bonne connaissance des événements culturels, susceptibles d'intéresser sa dame. Aussi, en la présentant à sa famille et à ses proches, elle rencontre de « vrais » locaux et se sent intégrée via des surnoms affectifs donnés telle « tatie », « ma sœur », …

En somme, il « sert sur un plateau » ce que la Blanche attend, tout en sachant comment la complimenter et la faire se sentir belle « Je suis partie du Togo avec beaucoup de confiance en moi. Je me sentais belle, je me faisais dire que j'étais belle à tous les coins de rue. C'était nouveau dans ma vie, je ne m'étais jamais fait dire que j'étais belle »[20], Patricia, coopérante internationale.

---

[20] *Ibid.*

- <u>Causes génératrices de tensions au sein du couple</u>

En amour il est coutume de penser que certaines qualités que l'on perçoit chez l'être aimé en début de relation peuvent se transformer en défaut quand la relation perdure. C'est le cas pour certaines femmes concernant la différence culturelle, sociale et académique.

« Tu veux tellement que ça marche, de pouvoir dire "Non, les différences, on est capable de passer par-dessus !" Oui, c'est dur la différence, mais il faut juste essayer de changer notre façon de voir les choses, il faut se parler. En fait, au niveau du quotidien, c'est un gars qui fait la cuisine, il faisait le ménage. Il repassait mes sous-vêtements et il les pliait ! Le problème n'était pas au niveau culturel [...]. Je pense que ça m'a pris du temps avant de me l'avouer, mais c'est la différence académique. Je m'en voulais tellement. Parce que moi, j'insistais pour qu'il prenne des cours. Il n'avait pas choisi son parcours. Il n'avait pas choisi d'aller à l'école coranique. Alors je ne voulais pas insister là-dessus mais, en même temps, ça me dérangeait »[21]. Chantal.

La grande différence entre ces femmes et ces hommes réside dans les perspectives d'avenir. En effet, ces femmes en stage sont en formation universitaire. Elles ne roulent pas toutes sur l'or mais ne sont pas pauvres pour autant. Leur situation est provisoire. Elle est censée évoluer une fois leur diplôme obtenu et leur premier « vrai » travail décroché au contraire de leurs partenaires qui ont souvent effectué peu d'études. Leurs perspectives d'avenir ne sont pas grandes et tendent fréquemment vers la précarité sur le long terme.

Cela créé logiquement des tensions dans certains couples « Nord/Sud ».

Aussi, l'argent est l'un des motifs générant des tensions car « ce sont souvent elles qui payaient la nourriture, le loyer, les sorties et qui donnaient même de l'argent de poche à leurs conjoints. Ce renversement des rôles domestiques a occasionné,

---

[21] *Ibid.*, p. 142.

dans la majorité des cas, des tensions entre les partenaires, surtout quand la femme a réalisé qu'elle ne voulait pas tenir le rôle de pourvoyeuse »[22], K. Geoffrion.

Le fait de tenir les fils de la bourse a conduit certaines femmes à douter des sentiments de leurs partenaires. Cependant, ceci n'est pas l'unique raison qui pousse les femmes à douter : « De son côté, Auguste se souvient que les demandes d'affection en public répétées de la part de sa conjointe étaient à la fois une source d'embarras pour lui — parce qu'aux yeux de ses pairs, il n'avait pas été en mesure d'inculquer les normes locales d'intimité à sa conjointe — et de frustration pour sa conjointe canadienne, laquelle remettait en question l'authenticité des émotions de son amoureux, ainsi que sa fidélité »[23].

Cet écrit démontre que malgré leurs efforts et leurs volontés d'intégration, certaines femmes ont des difficultés à prendre en compte tous les paramètres culturels du pays où elles séjournent. Cela entraîne donc un malaise d'un côté et du questionnement de l'autre.

---

[22] *Ibid.*, p. 143.
[23] *Ibid.*

Le bouche à oreille

L'image de la femme occidentale construite jusqu'à présent, est en partie entretenue par des histoires vraies et fausses. Elles sont transmises par les expatriés ou les locaux ayant rencontré des femmes étrangères.

À la fin du lycée, j'ai vécu un an à Perth, en Australie. Ce séjour m'a permis de vivre des expériences enrichissantes sur le plan personnel et intellectuel.

Avant de travailler comme plongeur dans une cafétéria, j'ai assisté durant deux mois à des cours de mise à niveau en anglais. Dans cette école, j'ai rencontré des personnes venant de nombreux horizons. Dans ce contexte, j'ai rencontré des garçons saoudiens avec lesquels je me suis lié d'amitié.

Un point m'a particulièrement interpellé chez eux durant nos échanges. Ils exprimaient une certaine image qu'ils se faisaient de la femme occidentale et notamment des « *French girls* ». Il y avait chez eux comme un « mythe » autour de ce type de femme. Certains me rapportaient qu'ils souhaiteraient avoir une petite amie en Australie. L'idéal serait une française.

Je pense que pour la plupart d'entre eux cet idéal résidait dans « la parisienne », car, souvent à l'étranger, la France est principalement associée à Paris. Fière et coquine, l'image de la jolie femme habillée en *Chanel* ou en *Dior* qui sent bon le parfum haut de gamme, associée à un soupçon d'« années folles » et de « *Moulin rouge* » reste encore présente.

Dès lors, voyons comment cela s'est traduit dans les faits.

Pour la plupart de mes amis saoudiens, dire à ses cousins, ses amis, qu'ils ont eu ou qu'ils sont en relation avec une personne de la gente féminine était une réelle fierté. Cette fierté était à son apogée quand il s'agissait d'une jolie française.

C'est donc lors de nombreuses occasions qu'il me prenait à partie sur *Skype* ou par téléphone afin de confirmer des relations réelles ou imaginées avec leurs proches. Je jouais le rôle de la personne tierce et neutre (ou non).

Cependant, certains proches étaient plus difficiles à convaincre. C'est pourquoi il fallait des preuves, et donc, parfois j'ai pu assister à des scènes cocasses où certaines de nos amies françaises ou étrangères jouaient les « petites copines » en se laissant passer la main autour du cou, en donnant un baiser sur la joue, afin de convaincre pour de bon les personnes sceptiques.

Les Saoudiens étaient un peu « comme des enfants » lors de ces supercheries organisées et le visage de leurs proches sur Skype était « épique ». Bien que ces personnes tentaient vainement de garder la « *poker face* », leurs visages trahissaient fréquemment un mélange de surprise, de gêne, et d'envie qui en disait long sur ce que cela représentait.

En effet, l'Arabie Saoudite n'est pas « *the place to be* » pour s'adonner tranquillement au libertinage, de surcroît, entre Saoudiens et Saoudiennes. Je n'affirme pas que cela n'existe pas, mais, il y a d'autres pays plus « réputés » pour ce genre de pratique.

Plus sérieusement, l'Arabie Saoudite n'est pas un pays où l'on peut facilement se promener dans la rue en couple main dans la main et aller dormir chez beau-papa et belle-maman quand la relation n'est pas officialisée par un mariage.

C'est donc l'une des raisons principales qui provoque le fait qu'un Saoudien à l'étranger se « lâche » un peu sur le plan sexuel, et peut aller jusqu'à parfois créer de fausses relations. Cela aide à entretenir la « légende » car si en plus des vraies relations viennent s'ajouter ces fausses relations, l'image de la femme aux mœurs légères va plus aisément perdurer.

Le trophée

Dans la société occidentale ainsi que dans d'autres sociétés, ce qui traduit principalement l'expression de la femme trophée est en résumé la femme avec qui l'on s'affiche aisément en public car elle possède des atouts physiques non négligeables. L'image la plus populaire est l'homme riche, pas forcément très séduisant, avec une jolie jeune femme.

Cependant, cela peut être aussi le cas chez un homme qui n'est pas forcément aisé et de tout âge mais qui est fier d'avoir réussi à conquérir un « avion de chasse ». Aussi, le terme de « trophée » peut résider dans le nombre et la qualité des conquêtes pour pouvoir s'enorgueillir de son palmarès devant ses amis.

Parallèlement, concernant la femme blanche occidentale, cette notion de trophée connaît parfois une autre forme à l'étranger. Durant mes années universitaires, j'ai rencontré une étudiante qui avait effectué un stage dans une entreprise dans le cadre de son cursus universitaire dans une ville de taille moyenne au Mexique. Elle m'a raconté qu'elle avait vécu une histoire d'amour avec un mexicain issu d'une classe populaire. Ce qui l'a frappé réside dans le fait que, de par sa plus petite taille et sa classe sociale, cet individu au fil du temps, commençait à complexer vis-à-vis d'elle. Quand il se baladait dans la rue ensemble, les regards de certains hommes étaient à la limite du soutenable. Ces regards traduisaient de la jalousie ainsi que du questionnement « Qu'est-ce qu'une jolie blonde fait avec ce misérable ? ». Son ami mexicain lui faisait part des commentaires qu'il pouvait parfois entendre, et bien qu'elle tentait de le rassurer, ce complexe et cette idée qu'il ne la méritait pas a eu raison de leur histoire.

En somme, dans la tête des hommes qui pensaient cela, la femme blanche est une femme trophée car assez rare et qui ne se mérite que si l'on en a les moyens.

Un autre exemple que l'on m'a relaté est l'histoire d'une étudiante française qui dans une boîte de nuit à Pékin s'était faite inviter par des hommes, dans un carré VIP, pour boire du champagne. Bien qu'après plusieurs verres échangés cela n'a pas abouti à plus, elle a constaté que certains étaient déçus que cela n'aille pas plus loin. Malgré cela, ils avaient eu plaisir à s'afficher avec elle une partie de la soirée.

On peut donc constater que chez certaines personnes, dans certains pays, la femme blanche peut être associée à l'image d'un trophée rare et cher.

La déesse de Babylone

La déesse de Babylone est une expression qui, selon moi, catégorise relativement bien l'image que perçoit une partie de la population en Inde de la femme blanche occidentale.

Il y a comme quelque chose de quasi-divin en Inde concernant la blancheur de la peau. « La croyance populaire veut que si vous avez la peau claire, vous appartenez à une caste supérieure. Les Aryens venus d'Asie centrale puis les colons portugais, français et britanniques ont dû contribuer à cette perception négative de la peau foncée »[1].

Cette citation en dit long sur le rejet de la peau foncée, et, *a fortiori* sur l'aura royale d'une femme à la peau claire. De toute évidence, l'attrait et la curiosité que provoque une femme au teint pâle en Inde remontent à plusieurs siècles.

Le choix de la deuxième partie de cette expression, Babylone, est un mélange entre la notion *rastafari* de Babylone qui représente la mauvaise facette du monde occidental alliant corruption et suprématie sur le reste du globe. Elle est associée à l'image de la prostituée de Babylone véhiculée par les médias et surtout les films pornographiques occidentaux que l'on peut visionner en Inde.

C'est pourquoi cette expression pour moi est le parfait résumé de la vision qu'une partie de la population en Inde peut avoir de la femme blanche. Il s'agit d'un condensé entre une femme d'une part, à moitié déesse, et d'autre part à moitié libertine et dévergondée.

Les Occidentales, principalement les Blanches, voyageant en Inde affirment fréquemment être regardées d'une façon intense et dérangeante par la gente masculine locale. Il n'est pas si rare non plus d'être prises en photographie sans accord préalable. Aussi, se faire encercler par « une tripoté d'hommes » est un fait qui peut se produire. Bien que plus rare, une femme peut être victime d'attouchements. Dans les cas les plus extrêmes, des cas de viols ont aussi été recensés. Bien que rien ne prouve aujourd'hui qu'il y

---

[1] Tharailath Koshy Oomen : sociologue, auteur et pédagogue au centre d'études des systèmes sociaux à l'université de Jawaharlal Nehru.

a plus de cas de viol en Inde qu'ailleurs sur des touristes, y compris en Occident.

Pour citer quelques exemples[2] je vais commencer par le blog « *choucroute au curry* ». Dans ce blog qui relate beaucoup plus de faits positifs que négatifs fort heureusement, la blogueuse qui a effectué un séjour en Inde fait tout de même allusion au côté pop star des femmes blanches. Elle y expose entre autres, les nombreuses sollicitations des hommes locaux qui souhaitent poser en photo avec elles lors d'une visite touristique effectuée au Taj Mahal. Ils invoquaient la raison suivante : « *parce que vous êtes étrangères* ». Parfois, derrière cet argument se cache le syndrome du « bouche-à-oreilles » que j'ai expliqué dans le chapitre précédent. En somme, si la personne qui pose avec vous se tient à une juste distance il y aura plus de chance que cela soit pour « le *fun* ». Si elle se colle, pose par exemple sa main sur votre épaule, même si cela ne vous choquera pas forcément en tant qu'occidentale, le but sera probablement de montrer cette photo à des amis afin de dire que vous faites partie de son « tableau de chasse », à votre insu bien évidemment.

La blogueuse narre une autre histoire qui s'est passée dans le Chowk : quartier musulman d'Agra. Des enfants sont venus la voir par curiosité et pour, pensait-elle, discuter. La surprise est arrivée quand ils ont commencé à la peloter. Elle s'est alors posée des questions « *Ils avaient vu quoi ces gosses, pour se permettre des choses pareilles ? Comment ils vont grandir ? Ils habitent à Agra, des blanches ils en voient tous les jours. Ça va donner quoi quand ils seront plus grands ?... *».

Ces comportements sont probablement la résultante de l'image de la femme blanche libérée, véhiculée par les médias et des actrices blanches de Bollywood[3], accompagnée également par l'accès plus facile aux sites pornographiques via la 4G et la WiFi.

---

[2] Si vous tapez « voyage femme inde » sur un moteur de recherche vous pourrez trouver pléthore de différents exemples sur ce sujet (blogs+articles+guide touristiques bien connus de tous les voyageurs).

[3] Bollywood : contraction de Bombay et d'Hollywood, Bollywood est le nom donné à l'industrie du cinéma indien basée à Bombay(Mumbai), dont les films sont réalisés en hindi. L'hindi est une langue indo-européenne parlé essentiellement dans le nord et le centre de l'Inde. (Wikipédia)

Récemment, le porno indien s'est développé et continue sa croissance[4], les jeunes (et les moins jeunes) jusqu'à il y a peu, tombaient plus souvent sur des sites pornographiques qui diffusent des scènes ou des films provenant d'Occident (Amérique du Nord + Europe).

Un autre exemple assez parlant provient d'un jeu de téléréalité « Pékin Express », diffusé sur M6.

Le but de ce jeu était de se rendre d'un point A à un point B le plus rapidement possible afin d'arriver avant les autres équipes, le tout en n'ayant que très peu d'argent en poche. Pratiquer l'auto-stop et s'inviter chez des gens pour y dormir étaient inévitablement un des moyens de mener à bien sa mission.

Deux jeunes blondes, Caroline et Sabrina se sont retrouvées dans un petit village dans une région assez reculée en Inde, le Nagaland, afin de trouver un endroit pour dormir. À peine arrivées dans le quartier commerçant, un grand nombre d'hommes ont commencé à se rassembler et à les suivre. Il est probable que pour bon nombre d'entre eux, ils n'aient jamais vu de femmes blanches ou très peu auparavant.

Les caméramans avec leurs matériels n'aidant pas, ces personnes ont pu s'imaginer qu'en plus de cela, ils tournaient un documentaire ou un film. Il faut donc relativiser la scène car une partie d'entre eux a pu être attirée par la présence de caméras plus que par celle des deux femmes blanches et blondes. Toutefois, au vu de cet attroupement sans cesse croissant, le simple fait qu'il y ait la présence de caméras ne justifie pas tout.

---

[4] http://www.atlantico.fr/decryptage/fnie-domination-occidentale-porno-production-pays-emergents-est-en-plein-boom-2563517.html

Les jeunes femmes se sont vues encerclées près de l'entrée d'une pharmacie. Elles ont été prises en photo de toute part. Aussi, les regards de certains de ces hommes n'inspiraient pas la confiance. Comme l'évoque l'adage « certains regards ne trompent pas ». En effet, ces regards ne traduisaient pas tous de la curiosité… Elles ont donc dû faire appel à l'équipe sécurité du tournage car passer au milieu de tous ces hommes (il n'y avait aucune femme) semblait être un jeu dangereux.

Pour terminer avec les illustrations je vais conclure avec une histoire personnelle.

En juillet 2015, j'ai effectué avec mon amie un séjour en Malaisie péninsulaire. Sans le vouloir, le temps a bien fait les choses, il s'est trouvé que c'était la fin de la période du Ramadan ce qui, selon moi, constituait réellement un plus en terme d'animation, d'ambiance. Dans les trois villes où nous avons séjourné : Kuala Terengganu, Marang et Kuantan, des marchés nocturnes étaient spécialement mis en place le soir, afin que les gens puissent se restaurer et fêter l'événement en famille et entre amis. Au-delà d'une petite indigestion, le seul vrai « hic » de notre séjour fut le regard de certaines personnes originaires d'Inde. Mon amie ne supportait que très peu les regards de ces hommes qui étaient des regards bien souvent insistants et mal venus. Nous avons rencontré un autre couple d'étranger sur une île et nous avons parlé de cette sensation, ces personnes ont ressenti la même chose.

Ce qui est notable dans cette histoire est que très peu de Malais[5] et Sino-Malaisiens[6] avaient ce genre de regard au contraire de ces hommes provenant d'Inde.

Toutefois, bien que ces faits soient bien réels et plus fréquents que l'on pourrait l'imaginer à en croire également le site France diplomatie (cf : annexe 1), l'Inde reste une destination où les touristes, notamment les femmes peuvent s'y rendre. En effet, dans le cas où plus de 50 % des femmes voyageant ou séjournant en Inde auraient été vraiment choquées et/ou victimes de cas de harcèlements graves et/ou d'agressions sexuelles, il n'y aurait pas

---

[5] Malais : autochtone constituant plus de 50 % de la population malaisienne.
[6] Sino-Malaisiens : Malaisien d'origine chinoise. Malaisiens : habitant de Malaisie toutes origines confondues.

autant de départ vers l'Inde aujourd'hui. La réputation de ce pays aurait plus que chancelé. De plus, la plupart des Indiens ont un regard de curiosité qui pour un/une occidentale peut paraître déplacé. En effet, le regard long et appuyé de certains indiens ne signifie pas toujours regard pervers.

Toutes choses égales par ailleurs, certains souhaitent simplement jouer au « chevalier servant » comme le rapporte la narratrice du blog « *Une étoile dans la vallée* » dans un de ses articles. Bien entendu, quelques-uns espèrent un retour à l'envoyeur, dans ce cas il faut prendre cela comme une forme de drague à la sauce Bollywoodienne[7] et faire comprendre que l'on peut se débrouiller seule en étant ferme, la plupart du temps cela suffira pour arrêter une conversation.

Aussi, ce type de comportement ne vise pas uniquement les femmes blanches, des indiennes sont aussi victimes de *eve-teasing*[8]. Il n'y a malheureusement pas qu'en Inde que ce phénomène existe, à Lima au Pérou ces pratiques sont aussi très présentes. En occident, bien que ces pratiques soient moins présentes elles existent bel et bien. Personnellement, je ne connais quasiment pas une femme en France qui n'ait jamais été victime de *eve-teasing*.

Enfin, les comportements déplacés de certains Indiens, comme beaucoup de conduites nuisibles à travers le monde, sont bien aidés par un manque d'éducation (parental et/ou scolaire) qui engendre ces faits. La pauvreté et la misère, le manque d'accès à l'éducation, et donc à l'ouverture sur le monde, génèrent plus facilement de mauvaises pratiques et manières de penser.

---

[7] À la sauce bollywoodienne : fréquemment dans les films bollywoodiens, l'homme qui souhaite se marier à une femme car il en est éperdument amoureux, peut être perçu comme un harceleur par un Occidental. La fin du film démontre souvent qu'en insistant un peu (beaucoup) la femme de vos rêves succombera.

[8] Eve-teasing : fait d'incommoder une femme ou des femmes dans un lieu public, par exemple, en faisant des commentaires à connotations sexuelles dérangeants.

Blanche à tout prix

De par le monde, le succès rencontré par la femme blanche peut s'expliquer par le fait que la peau claire est souvent plus appréciée que la peau foncée. Dans la plupart des cas, la couleur blanche est un symbole de beauté associé à la pureté et à la réussite sociale.

Partie 1 – Blanche à tout prix – Inde

Afin de développer ce raisonnement, la première partie de ce chapitre est en lien avec le chapitre « La déesse de Babylone ».

Selon la fiche marché des produits cosmétiques en Inde de *Business France*, « *Le concept de la beauté est, dans l'esprit indien, étroitement lié à la blancheur de la peau : des entreprises lancent de nouvelles gammes de ce type de produits, pour femmes et hommes.* ».

À cette conception, la fiche marché ajoute que le secteur de la cosmétique en Inde a enregistré une croissance début 2015 de 7 %. Ce facteur est principalement dû à « *l'impulsion de nouvelles générations de **femmes actives**, aux **goûts occidentalisés** et à **l'augmentation du pouvoir d'achat** »*.

Selon un reportage diffusé sur France 2 en 2014[1], l'estimation annuelle des ventes de produits blanchissant en Inde avoisinerait 500 millions d'euros. Ces ventes seraient supérieures à celles du *Coca-Cola*. Les hommes représentent environ 1/4 du marché. La croissance de cette clientèle cible continue son ascension en 2017[2].

Ces chiffres sont conséquents, même si l'Inde compte aujourd'hui plus d'un milliard d'habitants, l'idée que des produits de « soins » dont le but est de blanchir la peau représentent une si grande manne financière est surprenante. Le constat est clair ; l'omniprésence de ces produits et leurs succès commerciaux prouvent que la blancheur en Inde est un critère de beauté majeur.

---

[1] Reportage : Nicolas Bertrand, Antoine Husser, Alban Alvarez et Navodita Kumari. France 2 - Télématin, "C'est un monde !", 13 décembre 2014.

[2] Google.fr : « France 24 inde cosmétiques blanchir peau hommes ».

Une association indienne, *Women of Worth*, s'est dressée contre des campagnes publicitaires jugées stigmatisantes. Elle a, entre autre, fait entendre sa voix en trouvant écho sur internet via le « # BlackIsBeautiful ». Leur « combat » a visé deux des produits phares vendus en Inde : « *Fair&Lovely* » *(claire et charmante)* d'Unilever lancés en Inde en 1975, et « *Fair&Handsome* » (*clair et beau)* du géant indien Emani lancé plus récemment en 2005.

Le côté amusant de la traduction du mot anglais « *fair* » réside dans le fait qu'il est plus fréquemment utilisé pour décrire quelque chose de juste ou d'équitable, comme par exemple le Fairtrade, à savoir le commerce équitable. La question que l'on peut se poser est la suivante : Est-ce vraiment « *fair* » (*juste*) de vendre des produits « *fair* » (*éclaircissant*).

Il existe en Inde un produit : « *Clean and dry intimate wash* ». Le groupe de cette marque a diffusé en 2015 un spot qui vaut parmi tant d'autres spots diffusés en Inde « son pesant de cacahuètes ».

En effet, dans ce spot TV[3] on peut apercevoir une femme dont le mari ne semble plus lui consacrer beaucoup d'attention, mais grâce à une crème intime qui permet de blanchir son vagin, la femme retrouve toute l'attention de son mari. Ensemble, et grâce à cette crème ils pourront à nouveau s'épanouir dans leur vie de couple.

L'autre exemple provient d'une publicité pour la marque *9X fairness cream*[4]. Deux amies se rencontrent à l'aéroport, l'une d'elle lui conseille cette crème. Cette dernière s'empresse d'aller appliquer cette crème et revient aussi blanche qu'une européenne du nord. Au point que son amie semble ahurie devant une telle transformation. Elle se rend ensuite au point de contrôle afin de s'enregistrer avant son départ. L'agent d'escale lui dit alors qu'elle se trompe d'endroit et que les étrangers (Occidentaux) doivent s'enregistrer ailleurs.

---

[3] Clean and Dry intimate Wash TVC :
   https://www.youtube.com/watch?v=ZfOnRWElzb0
[4] 9X Fairness cream commercial :
   https://www.youtube.com/watch?v=ahdvo70fRhk

Le dernier exemple est une publicité[5] du groupe Unilever, un des géants mondiaux des produits de grande consommation « Deux milliards de consommateurs utilisent un produit Unilever chaque jour. On retrouve nos marques dans presque toutes les cuisines et les salles de bain »[6]. Dans cette publicité, une jeune indienne regarde la télé et commente avec un micro un match de cricket qui est un sport de batte opposant deux équipes. Ce sport est très populaire dans les pays du Commonwealth[7], dont l'Inde. Sa mère arrive, lui retire son micro, et lui donne à la place la crème. Ensuite, la jeune femme envoie une cassette d'elle à la production. Les producteurs lui donnent sa chance car elle paraît si jolie en étant beaucoup plus claire. Son rêve d'ascension sociale se réalise et elle devient une commentatrice renommée de cricket.

Avant de partir en Australie on m'a dit que lors d'un voyage il ne fallait pas toujours et tout le temps comparer chaque chose avec son pays d'origine. C'est une consigne que j'applique fréquemment lorsque je pars en voyage ou que je rencontre quelqu'un d'une autre culture que moi afin d'éviter d'être jugeant et de mieux comprendre nos différences. C'est ce que l'on appelle plus communément l'ouverture d'esprit. Hors dans ce cas la tentation est trop grande. En effet, peut-on imaginer qu'en France de tels spots publicitaires puissent être diffusés ? Ma réponse est oui dans l'unique cas où l'illustration et l'allusion seraient beaucoup plus « soft ». Dans le cas précis de ce spot du produit *Clean and dry intimate wash :* non. Les sujets concernant les ethnies, les couleurs de peau sont des sujets sensibles. Il est parfois difficile de savoir quel type de mot utiliser afin de ne pas offenser ou froisser son interlocuteur (le récepteur du message). Ce dernier pourrait mal interpréter un mot qui caractérise une couleur, une origine. Dans cette publicité, c'est tout de même une partie intime du corps qui est ciblée. En France le marché

---

[5] Fair and Lovely ad :
  https://www.youtube.com/watch?v=L0_h31E9t30
[6] https://www.unilever.fr/brands/?page=2
[7] Commonwealth (définition Larousse) : ensemble des États et territoires issus de l'Empire britannique, et reconnaissant entre eux une certaine solidarité, désormais plus morale que juridique.

cosmétique pour femmes à la peau foncée est un marché lucratif. Peut-on imaginer que ces personnes toléreraient ce genre de message qui tend à rendre plus claire leur peau jusqu'à leur sexe sous peine de rejet de l'être aimé ?

Il est évident que l'arrivée massive de ces produits dont le but est de blanchir la peau a un impact conséquent sur cette obsession croissante de la peau claire. Cependant, il n'y a pas de fumée sans feu. Nandita Das[8], dans une interview publiée sur le site Women of Worth l'exprime très clairement : « Aujourd'hui, si cette discrimination perdure et se renforce, c'est principalement en raison d'un marché indécent qui joue sur les croyances enfouies des gens ». La citation de T.K. Oomen qui provient d'un article du magazine *Inde* permet d'introduire la compréhension de ce phénomène : « la croyance populaire veut que si vous avez la peau claire, vous appartenez a une caste supérieure. Les aryens venus d'Asie centrale puis les colons portugais, français et britanniques ont dû contribuer à cette perception négative de la peau foncée. ».

En somme, ces deux citations permettent de comprendre l'origine de ce phénomène indien qui touche également des pays limitrophes tels que le Sri Lanka ou le Pakistan.

Il est bon de noter que le mot Aryen dans la citation de TK Oomen fait référence aux Aryas et non aux Aryens nazis. Car dans la théorie nazie la plus poussée, l'Aryen ressemble à un grand blond sain dans son corps et dans son esprit. J.S. Huxley exprime mieux que moi, avec un certain humour cet idéal « Nos voisins allemands se sont inventés un type teuton : blond, dolichocéphale, grand et viril.

Composons donc l'image du Teuton typique à partir des défenseurs de cette façon de voir. Il serait blond comme Hitler, dolichocéphale comme Rosenberg, grand comme Goebbles, svelte comme Goering et viril comme Streicher. Ressemblerait-il beaucoup à l'idéal allemand »[9].

Ici, T.K. Oomen fait référence à la notion classique des Aryas[10](Aryens) qui est un peuple d'Asie centrale, principalement issu de

---

[8] Actrice et réalisatrice indienne.
[9] J.S. Huxley et A.C. Haddon, *We Europeans : A survey of « Racial » Problems*, Londres, New York, 1936, p. 13. Cité par Mark Mazower dans *Le continent des ténèbres: une histoire de l'Europe au XXe siècle*, 2005, p. 110.

l'Iran actuel. Aussi, le terme sanskrit *ārya* signifie « noble, excellent, honorable ».

[10] *VANEIGEM, « ARYENS »,* Encyclopædia Universalis *[en ligne], consulté le 6 avril 2017.*
URL : http://www.universalis.fr/encyclopedie/aryens/

Partie 2 - Blanche à tout prix - Noir africain et Afro-Caribéen

<u>Afro-caribéen</u>

Dans les Caraïbes, où les descendants d'Afrique qui n'ont pas subi beaucoup de métissage (Jamaïque, Haïti,...) représentent la majorité de la population, la peau claire est fréquemment synonyme de beauté. Cependant, ce n'est pas tant l'envie de devenir blanc à tout prix qui prévaut comme c'est le cas en Inde. Le symbole de la beauté réside dans le teint marron clair. Le teint noir foncé n'est pas le plus apprécié. L'idéal de beauté est donc le mulâtre[11].

En Jamaïque, le phénomène du *bleaching*[12] appelé aussi plus localement *cake soap*[13], bien que présent depuis plus de 50 ans dans le pays a connu une envolée depuis 2010-2011. Cet essor commence à s'estomper légèrement depuis 2016. Ce phénomène a principalement touché la jeunesse jamaïcaine, et surtout celle issue de classes dites défavorisées.

C'est l'une des plus grosses stars du Dancehall jamaïcain, Vybz Kartel, qui volontairement ou non, a été l'un des acteurs qui a déclenché cette mode. Des artistes comme Alkaline (pas la pile, le chanteur bande de petits joyeux lurons) ont par la suite contribué à faire perdurer la popularité du *cake soap*.

Le bleaching en Jamaïque est historiquement un phénomène qui touche majoritairement les femmes ou les batiman[14].

Outre le fait d'avoir augmenté cette pratique, le tour de force réalisé en partie par Vybz Kartel réside dans la démocratisation du cake soap chez les hommes hétérosexuels, y compris les *gangstas* (bad boys/mauvais garçons).

Musicalement, Vybz Kartel est un artiste que j'apprécie. Son personnage ne me choque guère et me fait plutôt sourire. En

---

[11] Mulâtre : enfant métisse né d'un parent blanc et d'un parent noir, ou bien de deux mulâtres.

[12] Bleaching : technique consistant à se blanchir la peau.

[13] Cake soap : synonyme du bleaching. Expression utilisée principalement en Jamaïque.

[14] Batiman : terme du patois jamaïcain à connotation péjorative qui désigne une personne homosexuelle.

effet, il parle souvent de lui à la troisième personne et possède un ego supérieur à la moyenne. Cependant, son positionnement sur le fait qu'il puisse avoir un impact sur ses fans est assez brumeux. Lors de différentes interviews[15] évoquant ce sujet (bleaching), il prétend qu'il n'est pas un leader d'opinion et/ou politique, qu'il ne prône pas le blanchiment de la peau car c'est un noir physiquement et mentalement. Il ajoute également qu'il pratique le bleaching car il se décrit comme un artiste controversé qui aime faire des choses inattendues. Aussi, d'un point de vue esthétique, une peau plus claire lui permet de faire ressortir ses différents tatouages. Son argumentaire pourrait convaincre s'il n'avait pas tenté de vendre sa propre marque de cake soap. A cela, Vybz Kartel rétorque que tant que des produits pour se défriser les cheveux ou bien que des rallonges capillaires seront toujours en vente, il continuera le bleaching et la vente de ses produits blanchissant la peau.

Ce dernier argument me semble juste dans la mesure où un enfant originaire de Portmore (quartier sensible de Kingston[16]) possède également le droit de s'enrichir avec des produits qui détruisent la santé tout comme le font certains industriels du secteur cosmétique et du tabac. À cela Gandhi pourrait répondre *« Sois le changement que tu veux voir dans le monde »*.

> *« Gyal dem a watch we like a stage show,*
> *An a say teacha how you do so.*
> *Cool like me wash me face with the cake soap »*[17]
> Vybz Kartel Feat. Russian – Jeans & Fitted

---

[15] Interviews : - Hot 97, 2010 :
https://www.youtube.com/watch?v=r9kx_HQh4OI
- Vybz Kartel Live "CVM-TV Onstage" Talks About Style Of Bleaching, Cake Soap & More - MAR 2011 - Pt 2 :
https://www.youtube.com/watch?v=IRhT0MFA0vM
[16] Kingston : Capitale de la Jamaïque.
[17] Le couplet de cette chanson signifie que les femmes le regardent beaucoup. Elles lui demandent comment fait-il pour avoir un tel teint. Donc, pour être tendance et plaire aux femmes il faut pratiquer le Cake Soap.

Outre cette mise en contexte, un reportage[18] a été réalisé durant l'été 2015 sur ce phénomène en Jamaïque et permet de le comprendre plus facilement, ainsi que l'impact de Vybz Kartel. Dans ce reportage plusieurs personnes pratiquant ou non le bleaching citent la troisième phrase « *Cool like me wash me face with the cake soap* » de cette chanson pour expliquer le phénomène.

Un jeune homme qui a pratiqué le bleaching de manière intensive durant un an montre des photos de lui à l'époque où il était blanc. Il explique ce choix par le fait que cela plaît à la gente féminine. Il affirme que cela a favorisé grandement son succès avec les femmes. Elles étaient « folles » quand il arrivait en soirée. Aussi, il conseille aux personnes moches et « noires comme le goudron » de se *bleacher* afin de se donner une chance d'être un minimum séduisant.

Une femme plus âgée affirme que se *bleacher* rend sa peau plus claire, plus jolie, et rajeunie.

D'autres personnes dont ce jeune homme et cette femme sont formels. Depuis que Vybz Kartel a chanté « *Cool like me wash me face with the cake soap* » le phénomène du bleaching n'a cessé de croître. En somme, être tendance et beau sont deux mots associés au bleaching.

Une autre raison du bleaching est plus historique. En effet, Jeniffer Jackson, Phd. former asst. Director at the office of multi ethnic student, explique ceci : « *Quand la Jamaïque était Britannique, les descendants à la peau claire étaient ceux qui occupaient les postes dit importants. Tels que professeurs, instituteurs, infirmièr(e)s. On ne pouvait que très rarement travailler dans une banque si on n'avait pas le teint clair.* »

La peau marron clair et la peau blanche permettaient beaucoup plus facilement d'obtenir un travail valorisant socialement, et donc d'atteindre une classe sociale un tant soit peu élevée. Il y a donc chez certaines personnes pratiquant le bleaching une idée consciente ou inconsciente qui consiste à penser que plus claire sera la peau, plus les chances de grimper l'échelle sociale sera présente.

---

[18] Cake Soap, Joy Daily TV été 2015 :
    https://www.youtube.com/watch?v=JmY0_I6BNPc

- <u>Noir africain</u>

Chez les Noirs africains le phénomène du blanchiment de la peau est également présent. Tout comme dans beaucoup de pays du monde, des campagnes de sensibilisations ainsi que des interdictions de produits ont été effectuées. Malgré cela, le bleaching n'a pas disparu et continue d'avoir des adeptes. Ce phénomène touche plusieurs pays africains dont le Nigéria[19], la Côte d'Ivoire[20], les deux Congo, et le Sénégal.

En lien avec les Afro-Caribéens, la clarté et la blancheur de la peau sont signes de beauté et de réussite sociale.

En Afrique, l'attrait de certaines personnes pour la peau claire n'est pas uniquement la résultante de l'héritage colonial. Avant la colonisation, selon leurs croyances et leur histoire, certains peuples ou tribus qui vivaient en Afrique avaient déjà comme idéal de beauté une peau plus claire. La comparaison plus connue dans l'histoire est la légende selon laquelle les conquistadors blancs étaient considérés comme des dieux lorsqu'ils ont rencontré certains peuples amérindiens.

Historiquement, la SAPE[21] (Annexe 2) parisienne, a été l'une des subcultures[22] qui a popularisé le bleaching dans les années 1980. Aujourd'hui le bleaching chez les sapeurs (personnes se revendiquant de la SAPE) a pratiquement disparu.

Plus récemment, et ce, depuis les années 2000 le bleaching s'est popularisé. Ce phénomène touche principalement la gente féminine.

Cette singularité est due chez certaines personnes à un sentiment d'infériorité par rapport aux blancs, ce sentiment est appelé le « traumatisme colonial ». Toutefois, bien que

---

[19] La dépigmentation de la peau, un marché de 15 milliards de dollars, le journal Afrique, TV5 Monde.

[20] Laura Mel - Les Hauts-parleurs, TV5MONDE.

[21] SAPE : Société des Ambianceurs et des Personnes Élégantes.

[22] Subculture, définition wikipedia : en sociologie, en anthropologie et dans les cultural studies, une sous-culture est une culture partagée par un groupe d'individus, se différenciant ainsi des cultures plus larges auxquelles ils appartiennent.

consciente ou inconsciente, cette raison demeure marginale chez les individus. En effet, une des raisons peut résider dans le fait que « les femmes semblent en effet en moyenne, quelle que soit la couleur de la peau ambiante, plus claires que les hommes du même groupe ethnique : une peau claire pourrait ainsi être recherchée pour sa signification de féminité »[23]. Cette citation démontre que le désir d'obtenir une peau plus claire est dû à un facteur qui touche les peuples du monde entier.

Selon une enquête menée à Dakar à l'Institut d'hygiène sociale (IHS)[24] auprès d'un échantillon de 378 femmes pratiquant le blanchiment de la peau, les raisons principales pour lesquelles les femmes s'éclaircissent la peau sont : l'imitation (27%), le fait de se sentir belle (21%), pour suivre la mode (20%). Globalement une femme sur deux qui se blanchit la peau le fait soit par imitation, soit pour suivre la mode. Ces deux raisons sont relativement proches. Imiter et suivre la mode sont deux formes de mimétisme[25]. Selon cette étude, le mimétisme est la cause principale de ce phénomène.

Pour conclure, le « traumatisme colonial » peut être une raison consciente ou inconsciente du blanchiment de la peau. Cependant, dans une majorité des cas, ce lien entre l'inconscient et le blanchiment de la peau n'est pas si évident à établir. Il paraît donc hasardeux dans le cas noir-africain de penser que c'est la cause principale de ce phénomène.

---

[23] *La dépigmentation cosmétique à Dakar (Sénégal) : facteurs socio-économiques et motivations individuelles* [article], Antoine Mahé, Fatima Ly, Ari Gounongbé, Sciences sociales et santé, Année 2004, Volume 22, Numéro 2, p. 27.

[24] *Ibid.*, p. 5-33.

[25] Mimétisme : reproduction machinale, inconsciente, de gestes et d'attitudes des gens de l'entourage.

Partie 3 – Blanche à tout prix – Asie

L'Asie est un continent où, dans une majorité de pays, la clarté et la blancheur de la peau représentent un critère de beauté.

Dans cette partie, les pays de l'Asie du Sud tels que l'Inde, le Pakistan et le Sri Lanka ne seront pas traités car une section leur a été consacrée.

<u>Japon</u>

Au Japon, le culte de la blancheur n'est pas à l'origine d'une résultante de l'influence de la culture occidentale ou de la colonisation. Bien qu'officiellement découvert en 1543 par les Européens[26], le Japon n'a jamais été une colonie.

Durant la période de la découverte des nouveaux mondes, « le siècle des chrétiens » a pris fin en 1636. Jugé dangereux car de culture et de religions différentes, *« l'ensemble de la race des portugais, avec leurs mères, leurs nourrices et tout ce qui leur appartient »*[27] sont bannis du Japon. Le Japon se ferme aux influences étrangères.

Historiquement, l'attrait pour le teint pâle au Japon remonte au minimum au début de l'ère Nara[28]. « Les critères de beauté *évoluent, et hommes comme femmes de l'aristocratie se poudrent le visage, pour blanchir leur peau, et se noircissent les dents* »[29].

Durant l'ère Heian[30], ce culte de la blancheur devient le signe d'appartenance à l'aristocratie, tout comme dans une majorité des pays européens du moyen âge. Seuls les paysans possèdent un teint noir/mat car ils travaillent la terre et sont exposés aux rayons du soleil.

---

[26].https://journaldujapon.com/2013/08/26/la_premiere_decouverte_du_japon_par_les_europeens/

[27] Pascal Acot, *Estampes japonaises, images du monde flottant*, Roni Neuer et Herbert Libertson (Flammarion, 1995).

[28] Ère Nara : période de l'histoire du Japon qui s'étend de 710 à 794. En 710 l'impératrice Genmai installe la capitale à Heijō-kyō (Nara). Cette ère prend fin quand l'empereur Kanmu établit la nouvelle capitale à Heian-kyō (Kyoto).

[29].http://www.histoire-pour-tous.fr/histoire-par-pays/4659-histoire-du-japon-3-les-eres-nara-et-heian.html

[30] Ère Heian : période de l'histoire du Japon qui s'étend de 794 à 1192.

Cette ère amorce un tournant dans l'histoire et l'essor de la civilisation japonaise. Son émancipation progressive de la culture de l'empire chinois s'accentue. La culture insulaire[31] japonaise telle que nous la connaissons se développe considérablement à partir de cette période. « Mais, progressivement, en raison du déclin de la dynastie chinoise des Tang, le Japon s'émancipe du modèle de son puissant voisin continental et se replie sur lui-même. S'épanouit alors un art proprement japonais qui se réalise pleinement dans l'architecture, la peinture religieuse, la littérature et la culture de la cour impériale. Les relations avec la Chine, qui s'étaient maintenues à un niveau officiel au VIIIe siècle, s'espacent progressivement et disparaissent à la fin du IXème siècle »[32].

L'attrait pour la blancheur de la peau se popularisa durant l'ère Edo (1603-1868). Cette manière de se maquiller devient tendance pour une grande partie de la population, surtout citadine sous l'influence du théâtre Kabuki[33], et plus tard du livre « *Miyako fûzoku keshôden* »[34] paru en 1813. Cet ouvrage explique et fait l'éloge de l'art de se maquiller. Il fut un best-seller pendant un peu plus de 100 ans au Japon.

Sous la pression des occidentaux, le Japon sort de son isolement volontaire. Cette époque s'appelle l'ère Meiji (1868-1912). Des traités commerciaux sont signés, mais le Japon garde une certaine indépendance et ne devient pas une colonie. Cette époque fait entrer le Japon dans « l'ère moderne ». L'apparition du concept de couleur « chair » naît à la fin de cette ère.

Toutefois, ce n'est qu'à partir de l'après-guerre jusqu'aux années 1960 que la mode du teint « rosé » a connu son apogée. « L'arrivée de la télévision en couleurs a aussi joué un rôle important dans la diffusion du maquillage occidental. A l'époque, les films étaient souvent dans les tons rosés, et le maquillage rose a connu une vogue »[35].

---

[31] Insulaire : issu du latin insularis qui signifie « relatif à une île ».

[32] BURESI, « HEIAN ÉPOQUE DE - (794-1192) », ENCYCLOPÆDIA UNIVERSALIS [en ligne], consulté le 19 mai 2017. URL : http://www.universalis.fr/encyclopedie/epoque-de-heian/

[33] https://ich.unesco.org/fr/RL/le-theatre-kabuki-00163

[34] http://www.mfa.org/collections/object/miyako-f%C3%BBzoku-kesh%C3%B4den-529492

Depuis 1980, plusieurs tendances ont vu le jour. Cependant, le retour au *bihaku*[36] et d'une peau dite « naturelle » sont les pratiques les plus répandues en terme de maquillage aujourd'hui au Japon. L'impact occidental réside à présent dans les opérations chirurgicales, notamment dans le fait de se débrider les yeux, d'affiner le nez, effectuer des injections pour obtenir des lèvres plus volumineuses.

- <u>Corée du Sud</u>

En Corée du Sud, la demande des consommateurs en produits cosmétiques est proche de celle des Japonais. La raison est principalement historique. En effet, la Corée du Sud a subi une forte influence culturelle japonaise lors de sa colonisation au début du XXe siècle. Ainsi, le standard de beauté se rapproche du *bihaku*.

- <u>Chine et Asie du Sud-Est</u>

Selon l'Organisation mondiale de la Santé (OMS), « En 2004, près de 40 % des femmes interrogées en Chine, en Malaisie, aux Philippines et en Corée du Sud ont déclaré utiliser des produits éclaircissant la peau »[37]. Les campagnes de sensibilisation dermatologique ont permis de réduire l'utilisation des crèmes contenant des produits hautement nocifs pour l'épiderme et la santé. Aussi, les #BlackIsBeautiful ont participé à une plus grande acceptation de la différence de couleurs de peau dans ces régions du monde. Cependant, en consultant des informations récentes telles que, des fiches marché cosmétique de Business France, des articles[38], ainsi que des blogs, on s'aperçoit que la tendance cosmétique, sans rentrer dans les détails de nuances de teints propres à chaque pays et culture, demeure la recherche de l'obtention d'un teint plus clair.

---

[35] http://www.nippon.com/fr/views/b02602/?pnum=2
[36] Bihaku : (bi=beau/beauté ; haku=blanc).

[37]http://www.who.int/ipcs/assessment/public_health/mercury_flyer.pdf
[38] https://edition.cnn.com/2018/09/02/health/skin-whitening-lightening-asia-intl/index.html

Auparavant, le teint basané était lié aux personnes effectuant des taches agricoles. Les personnes appartenant à l'élite possédaient généralement un teint plus clair. C'est pourquoi ce teint est signe de réussite sociale et de beauté. A titre d'exemple, « les cosmétiques de couleur sont utilisés de plus en plus par les Malaisiens, en particulier par ceux qui travaillent dans le monde de l'entreprise pour incarner une plus grande image de soi au bureau »[39].

De plus, l'influence des acteurs présents dans les séries et films télévisés en provenance des pays occidentaux et de Corée du Sud favorise le désir chez les habitants de cette région asiatique d'utiliser des produits cosmétiques qui permettent l'obtention d'un teint plus clair. Les ventes de BB et CC crème, véritable succès commercial en Corée du Sud ont augmenté chez les adolescentes indonésiennes, signe de l'influence culturelle et esthétique de ce pays en Asie du Sud-Est.

En résumé, le teint clair demeure pour une grande partie des habitants de Chine et d'Asie du Sud-Est un « teint référence ». Le bronzage est associé aux travaux manuels extérieurs générant de faibles revenus ce qui traduit l'appartenance à une classe sociale inférieure. La clarté de la peau signifie beauté et richesse. L'image prestigieuse véhiculée par les stars occidentales et Sud-Coréennes renforce ce sentiment.

Le fantasme exotique d'un(e) habitant(e) du continent asiatique s'exprimera plus aisément envers un(e) Blanc(he) qu'un(e) Noir(e) foncé(e).

---

[39] https://export.businessfrance.fr/parfumerie-cosmetiques/001B1803003A+le-marche-des-cosmetiques-en-malaisie.html?SourceSiteMap=1329

L'histoire en noir et blanc

Cette partie a pour objectif de traiter l'évolution de la perception qu'un(e) Noir(e) peut se faire d'un(e) Blanc(he) et inversement ; et qu'un(e) Noir(e) peut se faire de lui-même/elle-même.

La ligne directrice de ce chapitre se base sur l'ouvrage du psychiatre antillais Frantz Fanon *Peau noire, masques blancs* [1] publié en 1952. Ce choix s'explique par la pertinence de son travail ainsi que de sa date de sortie.

En effet, 1952 correspond à une époque post-Seconde Guerre mondiale et au début du déclin sur la scène internationale des grandes puissances historiques européennes de l'Ouest au profit des États-Unis et de l'URSS. En découle le commencement d'une période de décolonisation intensive.

Aussi, cette période permet d'avoir une photographie de l'évolution de la place des noirs dans la société à peine un peu plus d'un siècle après l'abolition de l'esclavage de 1848. Cela permettra également de comparer la réalité de 1952 avec celle d'aujourd'hui dans le chapitre suivant.

- <u>Nos ancêtres les gaulois</u>

Cette sous-partie traite uniquement des Antillais français, qui selon Fanon portent pour grand nombre d'entre eux, un masque blanc, fruit de leur éducation parentale et surtout scolaire. « Aux Antilles, le jeune Noir, qui à l'école ne cesse de répéter " nos pères, les Gaulois ", s'identifie à l'explorateur, au civilisateur, au Blanc qui apporte la vérité aux sauvages, une vérité toute blanche »[2].

Au moment où F. Fanon a écrit son ouvrage, les Antillais reniaient selon lui, leur passé et leurs origines noires africaines, « l'Antillais ne se pense pas Noir ; il se pense Antillais. Le nègre vit en Afrique »[3]. Le Noir était donc assimilé à l'Africain, et l'Africain était un sauvage : « Quand, à l'école, il lui arrive de lire des histoires de sauvages, dans des ouvrages blancs, il pense toujours aux Sénégalais »[4]. Le Sénégalais à l'époque représentait bien souvent le « tirailleur sénégalais », sa réputation inspirait plus souvent la crainte que la sympathie dans les récits occidentaux. En effet, il était souvent

---

[1] Frantz Fanon, *Peau noire, masques blancs*, Seuil, 1952 ; rééd. Seuil, coll. « Point/Essais », 2015.

[2] *Ibid.*, p. 145.

[3] *Ibid.*

[4] *Ibid.*

surnommé le « diable noir » symbole d'une brutalité et d'une soif de sang hors du commun.

Dans le cas où l'Antillais reste *ad vitam æternam* sur son île, cette construction de la psyché ne risque pas de créer un choc ou un traumatisme. Cependant quand un Antillais décide d'aller séjourner en Métropole il risque fortement d'éprouver un sentiment déplaisant : son masque blanc est ébranlé.

« Le Noir, dans la mesure où il reste chez lui, réalise à peu de choses près le destin du petit Blanc. Mais qu'il aille en Europe, il aura à repenser son sort. Car le nègre en France, dans son pays, se sentira différent des autres. On a vite dit : le nègre s'inferiorise. La vérité est qu'on l'inferiorise. Le jeune Antillais est un Français appelé à tout instant à vivre avec des compatriotes blancs. Or la famille antillaise n'entretient pratiquement aucun rapport avec la structure nationale, c'est-à-dire française, européenne. L'Antillais doit alors choisir entre sa famille et la société européenne ; autrement dit, l'individu qui monte vers la société — la Blanche, la civilisée — tend à rejeter la famille — la Noire, la sauvage — sur le plan de l'imaginaire, en rapport avec les Erlebnis infantiles que nous avons décrites précédemment.

Et le schéma de Marcus devient dans ce cas :

Famille ← Individu → Société

la structure familiale étant rejetée dans le « ça ».

Le nègre s'aperçoit de l'irréalité de beaucoup de propositions qu'il avait faites siennes, en référence à l'attitude subjective du Blanc. Il commence alors son véritable apprentissage. Et la réalité se révèle extrêmement résistante... Mais, nous dira-t-on, vous ne faites que décrire un phénomène universel, — le critère de la virilité étant justement l'adaptation au social. Nous répondrons alors que cette critique porte à faux, car nous avons justement montré que, pour le nègre, il y a un mythe à affronter. Un mythe solidement ancré. Le nègre l'ignore, aussi longtemps que son existence se déroule au milieu des siens ; mais au premier regard blanc, il ressent le poids de sa mélanine » [5].

- <u>Vive Shoelcher !</u>

« Vive Schoelcher[6] ! », phrase qui aurait été prononcée par un Noir peu de temps après l'abolition de l'esclavage durant ses ébats intimes avec une blanche. « On nous objectera que cette anecdote n'est pas authentique ; mais le fait qu'elle ait pu prendre corps et se maintenir à travers les âges est un indice : il ne trompe pas. C'est que cette anecdote agite un conflit explicite

---

[5] *Ibid.*, p. 146-147.
[6] Schoelcher : homme qui a fait adopter par la IIe République le décret d'abolition de l'esclavage.

ou latent, mais réel. Sa permanence souligne l'adhésion du monde noir. Autrement dit, quand une histoire se maintient au sein du folklore, c'est qu'elle exprime en quelque façon une région de " l'âme locale " »[7].

Pour Fanon, cela prouve bien qu'il y a un traumatisme qui a pour résultat l'attrait exagéré d'un homme noir pour la femme blanche.

Avant l'abolition de l'esclavage, le Noir accusé d'avoir couché avec une Blanche était castré. Une théorie explique que cela a marqué et frustré le Noir. Cela entraîne encore de nos jours l'attirance de certains Noirs pour les Blanches. L'acte qui leur était interdit auparavant est à présent possible. Qu'il soit question de rendre hommage à leurs ancêtres et/ou de remercier Schoelcher en faisant l'amour avec une Blanche ou bien qu'il soit question de « baiser » une Blanche afin de les « venger par la verge », les descendants d'esclaves consomment ce qui était considéré comme le « fruit défendu ».

Cette théorie en 1952, peut être pertinente dans la mesure où le Noir était encore loin d'être l'égal du Blanc. Cependant, elle paraît assez réductrice et c'est pourquoi Fanon évoque le fait qu'un Noir soit attiré par une Blanche pour sa seule couleur de peau, et surtout ce qu'elle représente :

« De la partie la plus noire de mon âme, à travers la zone hachurée me monte ce désir d'être tout à coup blanc.

Je ne veux pas être reconnu comme Noir, mais comme Blanc.

Or — et c'est là une reconnaissance que Hegel n'a pas décrite — qui peut le faire, sinon la Blanche ? En m'aimant, elle me prouve que je suis digne d'un amour blanc. On m'aime comme un Blanc.

Je suis un Blanc.

Son amour m'ouvre l'illustre couloir qui mène à la prégnance totale...

J'épouse la culture blanche, la beauté blanche, la blancheur blanche.

Dans ces seins blancs que mes mains ubiquitaires caressent, c'est la civilisation et la dignité blanches que je fais miennes. »

Cette citation d'Hegel approfondie par Fanon résume la pensée de l'auteur concernant cette problématique : Consciemment ou inconsciemment, l'homme noir aime la femme blanche car elle lui permet d'accéder à la blancheur qu'il n'a pas. Cette quête de blancheur est un désir ardent de reconnaissance « si je peux m'accoupler et enfanter avec une Blanche cela vous et me prouve que je ne suis pas un primate » et qu'enfin malgré mon teint trop foncé à votre goût vous me considériez enfin comme un homme doté d'une intelligence tout aussi blanche que la vôtre, donc simplement humaine.

---

[7] F. Fanon, *Peau noire, masques blancs, op. cit.*, p. 61.

- **Le sauvage**

Fanon à l'aide de confrères a interrogé près de 500 personnes « de race blanche : Français, Allemands, Anglais, Italiens. »[8]. Quand il s'agissait d'échanger avec eux sur le mot « nègre » et « tirailleurs sénégalais » les résultats obtenus ont été les suivants, 60 % d'entre eux ont répondu : « Nègre = biologique, sexe, fort, sportif, puissant, boxeur, Joe Louis, Jess Owen, tirailleurs sénégalais, sauvage, animal, diable, péché. Le mot de tirailleur sénégalais évoque ceux de : terrible, sanguinaire, costaud, fort »[9]. Évidemment, Fanon n'a pas pu sonder tous les Blancs de France et d'ailleurs, bien sûr ce n'est que 500 personnes, mais le résultat ne peut être balayé d'un simple revers de main. Son étude démontre que plus de la moitié des Blancs ont une représentation des Noirs qui reste alimentée par de vieilles croyances : le Nègre représente le biologique et le Blanc l'esprit.

Au sortir de la Seconde Guerre mondiale, le tourisme de masse n'existait pas encore. Les transports aériens étaient rares et onéreux. Les transports en bateaux représentent également un certain budget et les traversées étaient longues. Aussi, la troisième semaine de congés payés n'existait pas encore, il a fallu attendre 1956 en France. La télévision n'était pas encore dans les foyers. C'est pourquoi, excepté la classe bourgeoise, les marins voguant dans des contrées lointaines, et les personnes qui ont rencontré des « tirailleurs sénégalais » durant les deux guerres mondiales, très peu d'occidentaux avaient eu l'occasion de rencontrer des étrangers à la pigmentation différente de la leur, et en particulier les provinciaux. L'image des Noirs à l'époque reposait uniquement sur le programme scolaire, le cinéma, les livres et bandes dessinées de l'époque. En sachant que bon nombre de Français arrêtaient leurs études au sortir de l'école primaire (validé par le diplôme du certificat d'étude), comment ne pas penser que l'imaginaire autour des étrangers ne puisse être l'unique fruit de l'héritage des siècles passés.

Ce sont ces causes qui ont principalement contribué au fait qu'environ un Français sur deux pensait que le Blanc représentait la civilisation et non le Noir.

- **Analyse historique synthétique des résultats de l'étude de Frantz Fanon**

- noir = diable, péché : moyen-âge

Au moyen-âge, le diable c'était le noir en opposition au blanc qui relevait de dieu et de ses anges. Le Nègre se voit réduit au statut de l'habitant des

---

[8] *Ibid.*, p. 161.
[9] *Ibid.*, p. 162.

contrées lointaines, il n'est que rarement christianisé et souvent mécréant, sa peau n'est que le reflet de sa noirceur d'âme.

- noir = animal : Moyen-âge.

De par son éloignement géographique et son teint foncé, il est lié aux créatures fantastiques de l'ordre animal et végétal.

- noir = sexe (taille du sexe et sexualité débridée), sauvage : XVIIIe siècle minimum.

Le Nègre et la Négresse sont relégués à des symboles de sexualité, héritage des récits coloniaux et esclavagistes qui mettent en exergue la légèreté des mœurs des Noirs africains.

Comme de bons sauvages après des soirées passées à se déhancher comme on ne le fait pas en Occident, la Négresse et le Nègre en rut ne tardent pas à franchir la frontière danse/sexe. Les Négresses « " s'abandonnent à l'amour avec des transports inconnus partout ailleurs : elles ont des organes sexuels larges et ceux des nègres sont très volumineux proportionnellement ; car les parties de la génération acquièrent autant d'activité dans les hommes, pour l'ordinaire, que les facultés intellectuelles perdent de leur énergie " (Virey cité dans Hoffmann 1973 : 122) »[10].

Ici, la taille de leur organe sexuel est la résultante d'un grand appétit sexuel. Le Nègre se laissant aller trop souvent aux plaisirs charnels, il se rapproche irréfutablement de l'animal et donc voit certes son sexe grandir, mais en contrepartie voit son cerveau rapetisser car il en perd son humanité et son esprit, c'est pourquoi il est moins intelligent que le blanc et que son sexe est plus gros.

Ce type de récit a été très nombreux et ce mythe d'une sexualité totalement débridée et d'un sexe imposant vont traverser les âges jusqu'en 1952.

- noir = sportif, puissant, boxeur, Joe Louis, Jess Owen :

Sous l'influence des résultats obtenus aux Jeux Olympiques des décennies passées et d'une montée en puissance des boxeurs Afro-Américains sur la scène américaine (US) et mondiale, le Noir est considéré comme naturellement plus apte aux exploits sportifs.

Dans les esprits, ce phénomène est lié au fait que le Nègre doit être rapide et agile pour chasser sans fusil en Afrique.

---

[10] Yann Le Bihan, « L'ambivalence du regard colonial porté sur les femmes d'Afrique noire », CAHIERS D'ÉTUDES AFRICAINES [En ligne], 183 | 2006, mis en ligne le 01 janvier 2008, consulté le 25 septembre 2017. URL : http://etudesafricaines.revues.org/15292

Concernant les Noirs-américains, leurs origines africaines et leur passé en tant qu'esclaves ont endurci leurs gènes. Ils possèdent donc des attributs supérieurs dans ce domaine. Comme pour la taille du sexe, le fait d'être naturellement plus sportif peut impliquer un raisonnement qui les infériorise au niveau intellectuel. Plus les capacités physiques et sexuelles sont grandes et moins les capacités cérébrales sont développées.

- <u>Le négrophobe et la BBC/poutre de Bamako</u>

Les raisonnements précédents conduisent certains individus à une négrophobie.

Le négrophobe[11], dans son *imago*, a pour acquis la quasi-totalité des représentations du nègre évoquées dans ce chapitre dont une particulièrement qui le distingue des autres personnes et qui crée chez cet individu une phobie : le sexe et la sexualité du nègre.

Fanon compare deux formes de racisme, celle du Juif et celle du Nègre, « Il ne viendrait par exemple à l'idée d'aucun antisémite de castrer le Juif. On le tue ou on le stérilise. Le nègre, lui, est castré. Le pénis, symbole de virilité, est anéanti, c'est-à-dire qu'il est nié »[12].

Cette citation me fait penser au chapitre sur les races de « Mein Kampf ». Selon l'auteur, le Juif est la race à abattre en priorité car sournoise et intelligente. De plus, leur couleur de peau est pour ainsi dire similaire à celle des blancs, c'est pourquoi l'urgence était d'identifier et d'exterminer les Juifs car jugés dangereux sur le plan intellectuel. En effet, le « peuple élu » s'accapare le pouvoir politique, financier... Il annexe d'une manière peu chevaleresque l'Europe et le monde.

Le Nègre lui est un sous-homme, bien que vigoureux il n'est pas organisé. Sa couleur de peau est reconnaissable. Il ne constitue pas une priorité pour Adolf Hitler. Cependant, une fois le problème juif « réglé » le Noir ne doit pas s'installer sur le vieux continent et il ne faut pas se reproduire avec, car l'enfant métisse sera à moitié intelligent grâce à son ascendant blanc mais restera toujours un peu « couillon » de par son ascendant noir. C'est pourquoi le métissage est proscrit.

Les termes stériliser[13] et castrer[14] sont donc savamment choisis par Fanon car le Juif en tant qu'être malfaisant est stérilisé car il possède une

---

[11] négrophobe : De l'espagnol negro, lui-même issu du latin *niger* (noir), et phobe : phobie = peur.

[12] F. Fanon, *Peau noire, masques blancs, op. cit.*, p. 158.

[13] Stériliser : rendre un être vivant impropre à la génération, à la reproduction. (Larousse).

[14] Castrer : pratiquer la castration sur un animal, sur quelqu'un. Castration : Ablation ou destruction d'un organe nécessaire à la reproduction. (Larousse).

intelligence malfaisante mais au moins égal à celle du blanc non juif. Le Nègre, tel un bœuf est quant à lui castré car il possède une intelligence plus proche du singe que de l'être humain. Le seul danger que représente le Nègre pour le négrophobe est bien sexuel, « en admettant qu'il y ait tendances inconscientes à l'inceste, pourquoi ces tendances se manifesteraient-elles plus spécialement à l'égard du Noir ? En quoi, dans l'absolu, un gendre noir diffère-t-il d'un gendre blanc ? Dans les deux cas, n'y a-t-il pas affleurement des tendances inconscientes ? Pourquoi ne pas penser, par exemple, que le père s'insurge parce que, selon lui, le nègre introduira sa fille dans un univers sexuel dont il ne possède pas la clef, les armes, les attributs ? Un envahissement de petit métisse ainsi que sa puissance sexuel supérieur à celle du blanc »[15].

Enfin, au moment où Fanon a écrit son ouvrage, les Français blancs pour bon nombre d'entre eux ne possédaient pas le socle culturel nécessaire qui prévient une vision de l'autre que l'on peut qualifier de séries de clichés. « L'exotisme c'est bien, comme le dît Valéry, l'évocation de l'Orient de l'esprit, et pour qu'elle produise son effet il faut n'avoir jamais été dans la contrée mal déterminée qu'il désigne. " Il ne faut la connaître par l'image, le récit, la lecture, et quelques objets, que de la sorte la moins érudite, la plus inexacte, et même la plus confuse. C'est ainsi que l'on se compose une bonne matière de songe. Il y faut un mélange d'espace et de temps, de pseudo-vrai et de faux certain, d'infimes détails et de vues grossièrement vastes " »[16].

---

[15] F. Fanon, *Peau noire, masques blancs, op. cit.*, p. 160.
[16] Frantz Fanon, *Peau noire, masques blancs*, Seuil, 1952 ; rééd. Seuil, coll. « Point/Essais », 2015.

L'histoire en noir et blanc 2

En 2020, le système colonial européen du temps de F. Fanon n'est plus. De nombreuses anciennes colonies constituent actuellement des États indépendants. Les flux migratoires à l'échelle internationale ont continué de croître, ces événements ont créé un monde plus cosmopolite. Les pays occidentaux font figures de modèle sur ce point.

La hausse tant sur le plan quantitatif que qualitatif des transports aériens, combinée à la diminution des tarifs de ce secteur, favorise une augmentation des voyages. Cela permet à une majorité de personnes vivant dans des pays développés, notamment les Occidentaux, de pouvoir découvrir le monde. Ceci est moins vrai concernant les pays qui ne possèdent pas une classe moyenne importante.

En France, le nombre de personnes n'ayant jamais vu de leur yeux quelqu'un possédant un épiderme différent du leur se rapproche du chiffre zéro. Ce qui n'était pas le cas en 1952 et avant. En effet, une majeure partie de la population rurale et provinciale n'avait jamais vu d'étrangers si ce n'est dans un « zoo humain »[1].

Les informations énoncées posent la question suivante : si le racisme et la xénophobie existent en France et en Occident quelles en sont ses formes ?

- <u>Racisme et xénophobie</u>

Selon la définition du Larousse, le racisme est une « *idéologie fondée sur la croyance qu'il existe une hiérarchie entre les groupes humains, les '" races '"* ».

La xénophobie, quant à elle, caractérise la peur de l'étranger. En grec *xenos* signifie étranger et *phobos* signifie la peur.

Un raciste peut être ou non xénophobe, l'inverse étant vrai. Le mot raciste est fréquemment utilisé en guise de raccourci pour décrire un raciste et/ou un xénophobe.

---

[1] Expression popularisée entre autre par l'historien Pascal Blanchard. Le « zoo humain » est un endroit ou le « civilisé » pouvait observer le « sauvage » dans son environnement (prétendument ou non) reconstitué. Il désigne majoritairement les expositions coloniales ou universelles qui ont pris place dans les grandes villes d'Europe, d'Amérique et du Japon du XIXe siècle à la première moitié du XXe siècle. Ces expositions ont insidieusement contribué à la hausse du racisme.

Selon le rapport de la CNCDH (Commission Nationale Consultative des Droits de l'Homme) qui concerne la lutte contre le racisme en 2016, « *Le racisme n'est plus de type biologique, forme de racisme aujourd'hui très minoritaire au sein de la population ; il s'exprime davantage sous sa forme différentialiste, quand les manières de vivre, de penser et de croire de l'autre sont jugées trop différentes du groupe auquel on s'identifie* ». Ce « racisme culturel » se rapproche plus de la xénophobie que de la définition de base du racisme.

De fait, la xénophobie est supérieure au racisme chez les Français blancs. Ce n'est plus le sentiment d'être largement supérieur en terme d'intelligence qui prévaut mais la peur que la minorité devienne majorité et impose à terme sa culture en France, et plus largement en Occident. Le sentiment que la population maghrébine et noire africaine ne cesse d'augmenter en France suscite chez certains individus la peur que la France se transforme culturellement. Dans le cas des Maghrébins qui sont, selon le xénophobe[2], majoritairement musulmans, potentiellement misogynes et djihadistes, la peur est décuplée. En effet, ce dernier craint une occupation cachée, en particulier celle des Arabes.

Ainsi, le Blanc risque à terme d'être en minorité et considère qu'il risque de perdre outre sa culture, ses avantages.

Selon le même rapport, c'est logiquement que les minorités les mieux acceptées soient les Juifs, les Noirs et les Asiatiques. Les Roms et les gens du voyage sont de loin les plus rejetés. Les musulmans occupent la deuxième place du classement des minorités les moins acceptées.

Les résultats de ce rapport indiquent que l'image du Noir en France a évolué positivement ces dernières décennies. Cependant, les questions qui abordent le thème du racisme provoquent un certain tabou chez les personnes interrogées. Cela peut fausser légèrement les résultats. En effet, la majeure partie des réponses proposées me font penser au jeu « effeuiller la marguerite ». Êtes-vous raciste ? Un peu, beaucoup, passionnément, à la folie, pas du tout! Selon moi, hormis les racistes qui éprouvent une certaine fierté à défendre leurs idées et les assument, une majeure partie de la population éprouve une forme de honte à assumer une part de racisme. Par conséquent, les réponses ne seront pas systématiquement en adéquation avec ce qu'ils pensent ou ressentent réellement.

---

[2] J'utilise ce terme pour son étymologie. Il n'y a donc aucune connotation positive ou péjorative. Mon analyse est principalement orientée sur le passé et le présent. Libre à chacun de penser le futur.

- <u>**Le racisme inconscient**</u>

Cette forme de racisme touche beaucoup de personnes, peu importe l'origine ou la couleur de peau. Le seul facteur qui permet de réduire son rayonnement est la déconstruction de ce que l'on appelle plus communément des séries de clichés. Cela passe par l'éducation, mais aussi par le questionnement individuel sur la question.

Même si l'on ne se considère pas comme raciste, nous sommes tous susceptibles d'être des racistes inconscients. Dans ce cadre, les situations les plus souvent rencontrées par des personnes noires qui ont expérimenté le racisme inconscient lors d'un échange avec un Français qui n'est pas noir sont :

- En soirée, « Hey ! Il y a du Magic System ! C'est pour toi ça. Tu ne viens pas danser ? ».

- En période de canicule, « Ça va tu es habitué toi ».

- Un Noir en costume peut être pris pour un vigile alors qu'il est commercial, maire, maître de conférence… d'autant plus si cette personne est grande et musclé.

- Les Noirs ont un plus gros pénis.

- Les Noirs ont un corps qui favorise les performances sportives, surtout dans des disciplines telles le sprint, le marathon, le basket ball, etc.

Ces quelques exemples cités ont été à l'origine de la création du « #TuSaisQueTesNoirEnFranceQuand... », et du « #SiLesNoirsParlaientCommeLesBlancs ».

Ces *tweets* permettent aux personnes de témoigner sur des faits vécus, non sans un trait d'humour pour certains. Le but était de recenser et déconstruire des séries de clichés qui affectent les Noirs.

Malgré les différentes ressources employées (livres, essais, blog, reportages,…), certains clichés sont plus résistants que d'autres. Le Noir a le « rythme dans la peau », et comme dit l'adage « bon danseur, bon baiseur » ; il a d'ailleurs généralement un plus gros sexe. Il est naturellement plus apte à réaliser des exploits sportifs.

De prime abord, ces croyances énoncées ne sont pas forcément préjudiciables dans la mesure où être bon danseur, posséder un plus gros pénis et être un bon sportif sont des attributs généralement considérés comme des qualités. Cependant, toutes ces « qualités » n'ont jamais réellement été prouvées. De plus, ces « qualités » sont l'héritage (cf chapitre précédent) de récits pseudo-scientifiques qui avaient pour but de catégoriser les races dans un but de démontrer la supériorité intellectuelle blanche occidentale sur les nègres africains, entre autre. Le but était de légitimer l'esclavage, la politique coloniale, etc.

Par ailleurs, ces « qualités » sont encore aujourd'hui associées à une certaine forme d'animalité. En effet, lorsqu'il est dit qu'un Noir danse généralement bien, il ne s'agit guère de danse classique ou de danse contemporaine, mais de coupé décalé, twerk, dancehall,... ces danses aux rythmes saccadés sont des danses qui semblent plus sexualisées au regard d'un non Noir que d'un Noir, et par la même, renvoient dans l'imaginaire collectif une image de bête sportive et sexuelle. En effet, cette représentation des non Noirs se réfère souvent aux danses de tribus africaines qui se déhanchent autour d'un feu de camp dans la savane et de fait, à l'éxotisation du corps du Noir qui n'est ni plus ni moins qu'un fantasme issu de l'héritage des récits coloniaux.

Quand elle danse, le corps de la femme noire est *de facto* sexualisé, l'homme noir également. Souvent, quand un homme noir est représenté dans un clip ou un film en tant que danseur classique ou musicien d'orchestre, il est dans le meilleur des cas un bounty (homme noir qui pense comme un blanc), ou un homosexuel[3]. Le « vrai » noir hétérosexuel danse sur de la musique d'origine noire et représente une certaine virilité, une puissance corporelle et sexuelle, ainsi doit-il se comporter.

Ceci entraîne chez certains individus non noirs du rejet ou de l'attrait exagéré envers les personnes de cet épiderme.

Certains seront donc attirés par un(e) Noir(e) non pas pour la personne qu'elle est mais pour ce qu'elle représente, c'est à dire un partenaire sexuel exotique qui l'amènera probablement dans un univers sexuel encore inconnu. L'expression populaire qui tire ses racines du *webporn,* caractérisant une Blanche qui est attirée de façon exagérée par les Noirs, est « blanche à blacks ».

- <u>Le Noir et la Blanche</u>

Frantz Fanon soutenait l'idée que bon nombre de Noirs, en particulier les Antillais, attirés par les Blanches, éprouvaient un désir d'accès à la blancheur qu'il ne possédait pas. A l'époque où il a publié son livre (1952), son raisonnement était loin d'être erroné. Actuellement, j'estime que ce cas de figure est rare concernant les habitants des D.O.M (Département français d'outre-mer). Cependant, ce désir est encore présent chez certains Africains (résidant en Afrique noire) issus de classes défavorisées.

Les mentalités ont évolué et l'histoire a continué à s'écrire. A l'époque où j'ai vécu en Guyane française (1997-2005) les noirs que je côtoyais ne me

---

[3] Exemple clip musical : Clean Bandit, Symphony feat. Zara Larsson.

semblaient pas plus attirés par une blanche qu'une noire à la peau foncée. En revanche, les femmes possédant un teint marron clair (chabines, mulâtresses, coulis, métisses, etc.) avaient le vent en poupe. Depuis, les mentalités ont encore évolué, les noirs/es aux teints foncés sont moins complexés par leur couleur et séduisent plus. Cependant, malgré les nouvelles générations, les « #BlackIsBeautiful », etc. le teint marron clair demeure le teint le plus apprécié. Bien que l'attrait plus fort envers les noires claires de peau est le fruit de l'héritage du passé, la majorité des noirs attirés par les noires claires de peau le sont, non pas pour avoir une progéniture plus claire mais parce que « c'est comme ça ». L'impact des Rihanna, Beyoncé, etc., n'y est pas étranger.

Aujourd'hui, quand un Antillais ou Guyanais éprouve la sensation d'être plus attiré par les Blanches que par les Noires (foncées ou claires), cela s'explique majoritairement par le fait qu'il les préfère. C'est souvent une simple question de goût et très rarement une recherche d'éclaircir sa peau ou venger ses ancêtres par la verge.

Les Antilles françaises n'ont pas un territoire très vaste. En Guyane, la majeure partie de la population réside sur le littoral, près de Cayenne, Kourou et Saint-Laurent du Maroni. Les Guyanais et Antillais noirs hétérosexuels sont des hommes comme les autres. Certains sont moins « collectionneurs » et d'autre un peu plus. Les « collectionneurs » ont souvent une réputation locale. Ainsi, l'arrivée de femmes en provenance de France métropolitaine (blanches ou non) est une aubaine car elles ne sont pas au courant de leur passif. C'est pourquoi ces hommes tenteront plus facilement leur chance avec elles, non pas pour la couleur de leur peau mais pour leur ignorance.

En France métropolitaine, j'ai eu de nombreux témoignages de proches et connaissances féminines blanches qui affirmaient être plus fréquemment draguées dans la rue ou les transports en commun « *par des Blacks* ». De plus, leurs techniques de séduction déplaisent souvent. En partant de ce postulat, les Noirs sont-ils plus dragueurs ? Sont-ils plus insistants pour ne pas dire harcelants dans leur approche ? Sont-ils plus attirés par les femmes blanches que les autres femmes ?

De par son histoire, les personnes que l'on rencontre en France de « type arabe » sont majoritairement d'origine maghrébine. Par ailleurs, elles sont issues principalement de l'immigration en provenance d'Algérie et du Maroc, beaucoup moins de Tunisie. Le risque de « se tromper » est donc moindre, surtout si l'on n'habite pas à Paris, ville très cosmopolite. Les Noirs quant à eux sont plus difficilement identifiables, surtout pour un Blanc qui n'a pas beaucoup voyagé et habité dans une région du monde où la population locale est majoritairement noire. La couleur du noir peut varier du très clair au très foncé. Aussi, le Noir de France peut être originaire de différents pays africains. De plus, en sachant que le continent africain a été « découpé à la règle », deux Noirs africains peuvent partager la même nationalité mais pas la même culture ou religion. Un Noir peut aussi être un Antillais ou un Guyanais ou bien un Haïtien. Un Noir peut être Français depuis plusieurs générations ou bien être étranger résidant sur le territoire national depuis deux semaines. Il peut être avocat, boulanger, maçon, commercial, étudiant, etc.

Tous ces éléments démontrent qu'il est aventureux d'affirmer que les Noirs dans leur ensemble sont plus dragueurs que les autres.

La plupart des scènes de drague dans la rue ou dans les transports en commun, se rapprochant du harcèlement auxquelles j'ai pu assister, proviennent selon moi de deux types de noirs :

- « Le blédard[4] peu cultivé » : le blédard peu cultivé n'est pas Français. Il n'a pas un long parcours scolaire. Celui qui est arrivé en France récemment peut être influencé par les médias, l'industrie pornographique, le bouche à oreilles (cf : chapitre sur le bouche à oreilles). Un peu comme l'homme occidental en vacances à l'étranger, il tentera sa chance beaucoup plus souvent que dans sa ville de résidence. Sa technique de drague est souvent lourde et assez insistante mais très rarement insultante.

- « La petite frappe misogyne » : la petite frappe n'est pas forcément noire. En effet, elle est universelle dans sa bêtise. Sa technique de séduction repose sur des sifflements, engagement de la conversation par des onomatopées et se termine fréquemment par une ou des insultes si la femme ne semble pas très réceptive.

Le Noir en général est-il plus dragueur que les autres ? La réponse est je ne sais pas et peu importe. Le fait qu'une Blanche se sente plus regardée et/ou draguée par des Noirs repose sur deux raisons.

Premièrement, les Blancs draguent moins dans la rue et les transports en commun. Ils préfèrent les lieux « normés » ou les moments dit propices à la drague (soirée chez des amis, bar, boîtes de nuit, travail, etc). Deuxièmement, le cerveau humain est confronté à de nombreuses informations à chaque instant. De ce fait, il trie les informations par ordre d'importance. Notre

---

[4] Blédard : La définition du blédard a évolué. Cette définition ne représente pas que les maghrébins. Aujourd'hui le blédard est considéré comme l'inverse du bounty. En somme, il n'est que très peu imprégné de la culture occidentale. Exemple d'une vidéo humoristique caricatural : WILLAXXX : FABABOUIN - " *Love d'un blédard* " (parodie Fababy - " *Love d'un voyou* ").

mémoire retient plus facilement les moments où nous avons éprouvé un sentiment agréable ou désagréable et effacera les moments neutres. C'est pourquoi il faut s'en méfier. En effet, combien de Noirs la femme a-t-elle croisé auparavant et combien ne lui ont pas adressé un regard ? Elle ne peut y répondre car cela n'a déclenché en elle aucun sentiment particulier; entre ensuite en jeu le dangereux « biais de confirmation ». Il suffit que la situation se répète sous peu avec un autre Noir et cela confirmera l'idée selon laquelle les Noirs sont des dragueurs à la frontière des harceleurs.

En 2020, le passé pèse encore sur les mentalités actuelles. Heureusement, certaines idées de Frantz Fanon ont été affaiblies ou sont devenues obsolètes. Cependant, certaines sont encore présentes. C'est pourquoi, bien que le progrès soit notable et que les nouvelles générations semblent prendre conscience de cela, il y a encore du chemin à parcourir; on n'efface pas des siècles d'histoire en quelques décennies.

L'islam et la femme

Ce chapitre traite de l'image complexe de la femme dans la religion musulmane et dans la civilisation arabe. L'objectif est d'analyser les différents courants de pensée religieuse, politique, et historique autour de ce sujet qui permettront de mieux comprendre les mentalités actuelles.

- L'islam

L'islam est une religion qui prend sa source dans le Coran. Ce texte relate les révélations faites à Mahomet qui est le Prophète et le messager de l'islam, et donc de Dieu (Allah).

Le Coran est composé de sourates (sorte de chapitres), elles-mêmes composées de versets[1]. Un synonyme de verset peut être le terme « passage ». Le Coran a été principalement écrit par *les compagnons* (les sahaba) de Mahomet.

En plus du Coran, il existe des hadiths[2] qui constituent le second fondement du dogme de l'islam. Les hadiths ont été écrits par des *musulmans fidèles*. C'est pourquoi les hadiths ne possèdent pas toujours le même niveau de reconnaissance que les versets du Coran. En effet, les hadiths sont classés selon plusieurs niveaux dont celui de la fiabilité. Certains hadiths peuvent être fragilisés en raison de leurs « degrés d'éloignements » concernant les paroles du Prophète, un peu comme le principe du passe-parole (téléphone arabe). C'est pourquoi la démarche d'authentification entreprise par des spécialistes religieux est pertinente. En effet, le croyant peut se fier et se référer plus facilement à tel ou tel hadith.

- L'interprétation du Coran et des hadiths, une source de liberté et de conflits

L'islam est source de liberté[3]. Tout comme le catholicisme ainsi que

---

[1] Verset : court paragraphe numéroté subdivisant chacun des chapitres de la Bible, du Coran, d'un livre sacré (source : Larousse.fr).

[2] Hadith : dans la religion islamique, recueil des actes et paroles de Mahomet et de ses compagnons, à propos de commentaires du Coran ou de règles de conduite (Les hadiths, dont l'ensemble constitue la sunna, sont le second fondement du dogme de l'islam. Les hadiths jouissant de la plus grande autorité ont été recueillis, au IXe siècle par Al-Bukhari et Muslim). (Source: Larousse.fr).

[3] Il s'agit ici de liberté d'interprétation du coran et des hadiths et non pas de liberté au sens général du terme.

64

d'autres religions, qu'elles soient monothéistes ou polythéistes, l'islam est sujet à diverses interprétations. Cette liberté est due à des conflits sur l'interprétation des textes sacrés ; cela génère une sorte de « vide juridico-religieux » laissant alors l'opportunité aux croyants de comprendre et d'interpréter un ou des message(s) de différentes façons.

Pour autant, ce « vide » tend à être compensé par des courants religieux. Chaque courant, plus ou moins respectueux des courants adverses et des religions différentes de la leur tente de convaincre le fidèle que sa voie est la meilleure car la plus proche des messages divins initiaux. Ce procédé est naturel car souvent, l'être humain éprouve un besoin de sécurité. Il doit être rassuré. C'est pourquoi, même lorsqu'il s'agit de spiritualité et de religion, l'homme cherche la vérité la plus absolue afin de douter le moins possible. Cela diminue le risque d'ébranler sa foi et ses convictions.

Selon moi, l'être humain est en perpétuelle évolution et demeure un individu curieux et ouvert sur le monde. Cependant, il ne veut pas se considérer et être considéré comme une « girouette ». Il apprécie d'avoir une morale, une éthique, des idéaux, et des convictions « arrêtées » pendant un certain laps de temps car s'il ne le fait pas, il risque de « se sentir perdu ». Ce sentiment est souvent vécu de manière désagréable. L'homme cherche à éviter ce qui peut lui être nuisible. Ainsi, l'homme pieux va se diriger vers une religion et un courant précis.

- <u>Courants et écoles de l'islam</u>

Les deux plus grands courants de l'islam à travers le monde sont le sunnisme (il représente environ 80-85 % des musulmans) et le chiisme (il représente environ 10-15 % des musulmans). En résumé, les sunnites « se réclament des quatre premiers califes, considérés comme les successeurs légitimes de Mohamed, et se prétendent orthodoxes suivant « le bon chemin » (c'est le sens de *sunna* en arabe) laissé par le prophète. ». Les chiites considèrent qu'Ali « (cousin et gendre du prophète) a été clairement désigné par le prophète comme son successeur. Le hadith *al-thaqalayn* (deux objets précieux) est cité à l'appui : le prophète dit avoir laissé à la communauté musulmane deux choses précieuses qu'il ne faut pas séparer : le Coran et sa famille. Alî aurait été écarté en raison de son jeune âge, car une communauté dirigée par un chef jeune n'était pas bien vue dans la culture arabo-musulmane de l'époque »[4]. En somme, cette opposition repose sur le contexte historique de l'époque mais également sur la signification du mot famille.

---

[4]http://www.publicroire.com/croire-et-lire/islam/article/les-deux-grands-courants-de-lislam

Chez les sunnites, il existe quatre grandes écoles : hanafite, malikite, chafiite et hanbalite.

Bien que différentes, elles possèdent un principe fondamental commun : l'unité « qui trouve son origine dans la « Parole de Dieu » transmise par le prophète de Dieu. Ce principe peut se résumer de la manière suivante : un seul Dieu, une seule foi, une seule communauté »[5].

L'école hanbalite a inspiré le wahhabisme, fondé par Muhamammad Abd Al Wahab (1703-1792). Ce mouvement se retrouve majoritairement dans les pays du Golfe, principalement en Arabie Saoudite. Historiquement, Al Wahab et Muhammad Al-Saoud ont fait un pacte au milieu du XVIIIe siècle qui lie encore les deux familles aujourd'hui en Arabie Saoudite. En somme, la religion est assurée par les descendants d'Al Wahab et la politique par les descendants d'Al-Saoud.

Le salafisme, né dans les années 1920 en Égypte, s'inspire en grande partie du wahhabisme.

Ces mouvements issus du hanbalisme sont qualifiés en Occident et pour une majeure partie de la communauté musulmane de « rigoriste » et « conservateur ». En effet, ils rejettent « tout ce qui ne s'inspire pas du Coran ou de la Sunna »[6]. En d'autres termes, toute découverte théologique, toute tentative de modernisation de la lecture du coran et des hadiths sont rejetés, hormis une découverte qui pourrait appuyer un peu plus leur dogme.

- <u>L'islam, une religion qui infériorise la femme ?</u>

L'islam, tout comme les deux autres religions monothéistes que sont le catholicisme et le judaïsme, a été introduit dans un contexte historique ou le modèle de société était patriarcal. C'est pourquoi certains versets semblent misogynes aujourd'hui.

« Allah vous commande, dans le partage de vos biens entre vos enfants, de donner au fils la portion de deux filles » s.4, v.11. De prime abord, ce verset confirme l'idée selon laquelle l'islam est une religion misogyne. Or, selon Asma Lamrabet, médecin et féministe marocaine, il ne faut pas oublier que « dans les sociétés préislamiques, la femme n'avait tout simplement pas le droit d'hériter : ce passage du Coran est par conséquent " une révolution " »[7].

---

[5] *Ibid.*, publicroire.com

[6] *Ibid.*, publicroire.com

[7] https://www.la-croix.com/Religion/Islam/Que-Coran-femme-2017-03-08-1200830336

Bien qu'aujourd'hui certains peuvent observer un « verre a moitié vide » car dans ce verset Allah n'accorde pas l'égalité parfaite en terme d'héritage, le progrès est notable au vu du contexte historique, et démontre, selon Asma Lamrabet, la nécessité de ne pas avoir une lecture purement littérale du coran.

« Vos femmes sont pour vous un champ de labour (harth); allez à vos champs comme vous l'entendez (faatou harthoukoum ana chiitoum) et œuvrez pour vous-même à l'avance. Craignez Allah et sachez que vous le rencontrerez. Et fait gracieuses annonces aux croyants !" » *S.2, V.223.* Cette sourate intitulée « la vache » peut être traduite comme une des célèbres saillies verbales du regretté Louis Nicollin « chacun baise sa femme comme il veut » et quand il veut. Cependant, « les Arabes de l'époque utilisaient le terme de « harth » pour tout ce qui était riche et fertile, tout ce qui était productif et fécond. C'est donc un terme qui est éminemment positif et qui ne peut être compris comme étant péjoratif. C'est une image allégorique que le coran a utilisée dans un sens positif et qui correspond en arabe à un emblème de la richesse »[8].

À l'époque de l'Hégire, Mahomet et ses compagnons contraints de quitter la Mecque se réfugient à Médine en 622, « des mariages entre Mecquois et Médinoises commencent à avoir lieu »[9]. Un problème s'est posé car « la forte communauté juive de la cité partageait une vieille croyance : si l'homme était derrière la femme lors de la pénétration et qu'une grossesse s'ensuivait, l'enfant serait atteint de strabisme »[10]. C'est pourquoi certains Mecquois adeptes de « la levrette » sont allés faire part de leurs états d'âme au prophète quant aux réticences de leurs épouses à effectuer cette position sexuelle. Dans le même temps, les épouses Médinoises qui s'offusquaient de l'attrait porté pour ce genre de pratique de leur mari sont allées également exposer leurs problèmes au Prophète. C'est alors que ce verset fut révélé : « allez a votre champ comme vous le voulez ». En somme, il explique que toutes les positions sexuelles où il y a pénétration vaginale sont permises.

« Vous tous hommes et femmes êtes pareils aux yeux de votre Seigneur » **s.3, v.195.**
« Celui qui fait de bonnes œuvres, homme ou femme, du moment qu'il est croyant, nous lui donnerons la récompense digne de cela » **s.16, v.97.**

---

[8] https://www.lescahiersdelislam.fr/Vos-femmes-un-champ-de-labour_a1220.html
[9] Nadia El Bouga et Victoria Gairin, *La sexualité dévoilée*, Ed.Grasset, 2017, p. 186.
[10] *Ibid.*

Il existe une multitude de versets qui confirme que le Coran est principalement source d'égalité entre les hommes et les femmes. Les inégalités présentes entre les deux sexes ne sont que la résultante d'une exégèse patriarcale. Cette dernière s'appuie sur des versets paumatoires ainsi que de nombreux hadiths dont la fiabilité inspire le doute chez les êtres de raison.

En d'autres termes, selon A. Lamrabet, l'une des raisons principales est « celle de l'idéologie wahhabite de l'Arabie saoudite, que les Occidentaux n'osent pas critiquer, et qui a été exportée partout grâce au pétrodollars. Cet islam identitaire, radical et littéral, se trouve aujourd'hui même au cœur de pays comme la France. La pensée réformiste est malheureusement loin d'être majoritaire dans l'islam, que ce soit dans le monde occidental ou le monde musulman. Parce que c'est une pensée du juste milieu, qui critique aussi bien l'hégémonie occidentale et ses intérêts que la tradition islamique et ses conservatismes, elle est marginalisée »[11].

- **L'islam et le sexe**

L'islam est une religion qui ne prône pas le libertinage et les relations hors union. C'est une religion où la pudeur est de mise. La sourate de « *la vache* » citée précédemment le démontre : on emploie rarement le mot vagin ou pénis directement, il est préférable d'utiliser des allégories pour traiter de ce sujet.

Par ailleurs, le Coran recommande les préliminaires : « **adonnez-vous aux préliminaires** » **s.2, v.223**. Le Prophète préconisait à ses *compagnons* de ne pas être « *tel l'âne* » lors de leurs ébats amoureux, à savoir de prendre le temps nécessaire avant et pendant la pénétration. L'islam parle donc de sexualité et de plaisirs, pas de manière aussi détaillée que le *Kamasutra* certes, ni aussi crûment que Pascal OP (acteur, réalisateur et producteur de film X), mais assez clairement pour être compris en encourageant le plaisir partagé de l'homme et de la femme.

- **Si on chantait :**

Nombre de chansons abordent le thème de l'amour et ce, à travers différentes époques et civilisations. La culture arabe ne déroge pas à la règle. « Presque toutes les chansons arabes sont des chansons d'amour ; … La lune qui fut toujours en Orient le symbole de la beauté, figure dans les chansons arabes pour exprimer l'éclat et les charmes de l'objet aimé ; ils disent ô ma lune ! Comme nous disons ô ma belle ! Une remarque à faire, c'est que les

---

[11] http://www.letemps.com.tn/article/113197/l%E2%80%99islam-est-il-misogyne

arabes en s'adressant aux femmes, n'emploient jamais le genre féminin »[12]. Ce passage extrait d'un texte datant du XIXe siècle confirme que le thème de l'amour est récurrent dans cette culture. Aussi, au-delà de la métaphore qui compare la femme à la lune, la pudeur est de mise. En effet, on ne cite pas directement la femme dans les chansons. Cependant, ceci est moins le cas de nos jours.

Selon J-F Michaud, cette évolution a commencé via Nasralla-Traboulsi, « premier arabe qui, dans des chansons d'amour, ait osé s'adresser directement aux femmes, au lieu d'employer le genre masculin… ce n'est qu'à force de talent que le poète d'Alep est parvenu à se faire pardonner cette innovation »[13].

C'est lors de mon séjour en Australie que j'ai découvert cette jolie chanson *Ya bent al noor* de Mohammed Abdou, surnommé le « Paul McCartney saoudien ». Un de mes amis la fredonnait fréquemment. La lune représente la femme et le soleil l'homme. Ce sont deux astres complémentaires qui permettent la vie sur terre. Pour autant, la lune qui permet d'avoir plus ou moins de lumière selon ses phases dans l'obscurité ne fait que réfléchir la lumière du soleil. Dans la culture arabe et bédouine, la lune est importante mais demeure un réceptacle du soleil qui est l'émetteur de lumière. La femme est ici indirectement rabaissée.

- <u>La femme aussi libre sexuellement que l'homme ?</u>

L'homme a le droit d'épouser plusieurs femmes mais uniquement s'il peut financièrement subvenir aux besoins de ses différentes épouses. La motivation d'un homme polygame ne doit pas être la luxure. Un être humain ne peut pas toujours déceler les réelles motivations d'un de ses semblables, c'est pourquoi Dieu s'en charge. Ainsi, un homme polygame sujet au péché risque l'enfer car Dieu le jugera de son vivant et à sa mort.

Dans le Coran, la polygamie est permise mais ne constitue pas une obligation.

La chasteté est importante pour les deux sexes. Un homme et une femme ne doivent pas s'abandonner aux plaisirs charnels hors union maritale. Cependant, Dieu est amour. Si un homme ou une femme commet le péché de fornication, il/elle peut être pardonnés de son vivant en se repentant et en éprouvant de réels regrets, Dieu seul est à même de leur pardonner et personne d'autre.

Ces éléments énoncés, une question se pose : au regard des Hommes et non de Dieu, pourquoi dans la culture arabo-musulmane les relations

---

[12] Joseph-François Michaud, *Correspondance d'Orient* (1830-1831), FB Editions, CreateSpace Independent Publishing Platform, 2015, 242 pages, p. 211.
[13] *Ibid.*, p. 219-220.

sexuelles, hors union maritale des hommes, semblent-elles beaucoup plus tolérées que celles des femmes ?

- __La Hchouma__

Dans la religion, il y a ce qui est Halal et ce qui est Haram. En somme, ce qui est bien et ce qui est mal, en d'autres termes, ce qui est permis ou interdit aux yeux de Dieu.

Dans les sociétés maghrébines, principalement au Maroc, en plus du Halal et du Haram s'ajoute la Hchouma. La Hchouma est un concept « que l'on peut traduire par la « honte » ou la « gêne » et qui est inculqué à chacun dès la petite enfance. Être bien élevé, être un enfant obéissant, être un bon citoyen, c'est aussi avoir honte, faire preuve de pudeur et de retenue »[14]. A cette définition, Leila Slimani ajoute une précision écrite par Fatima Mernissi dans *Rêves de femmes* « L'ordre et l'harmonie n'existent que lorsque chaque groupe respecte les hudud (frontières sacrées). Toute transgression entraîne forcément anarchie et malheur ». Celui qui transgresse ces frontières est rejeté.

La pudeur fait partie intégrante du Coran, la Hchouma s'en inspire. Pour autant, la Hchouma concerne beaucoup plus les femmes que les hommes et c'est là que le bât blesse. J'ai relevé deux exemples récurrents des livres de Leila Slimani et de Nadia El Bouga qui permettent d'argumenter ce propos : - « *Ferme tes jambes !* » Cette courte phrase a été entendue par de nombreuses petites filles maghrébines ou d'origine maghrébine, d'ailleurs même si on n'emploie pas forcément le mot Hchouma, nombreuses sont les femmes musulmanes à travers le monde qui ont entendu cette phrase : « Une robe trop courte ? Honte à toi !»[15].

Cette Hchouma peut créer une définition de la « fille bien » : Elles « ne fument pas, ...ne sortent pas le soir, n'ont pas d'amis garçons, ne portent pas de short, ne boivent pas en public, ne parlent pas plus fort que leurs frères, ne dansent pas devant les hommes »[16]. D'ailleurs, « fumer une cigarette, c'est légal, mais tu ne peux pas le faire pour autant dans la rue. Sinon, tu te feras traiter de pute »[17]. Il y a donc cette pensée manichéenne chez certains hommes et chez certaines femmes qui réduit la femme à être une « fille bien » ou « une pute ». Cela me rappelle l'histoire qu'une amie m'a racontée lorsqu'elle habitait à Cergy-Pontoise, un petit groupe de jeunes du quartier lui avait dit « *soit t'es notre sœur soit t'es notre pute* ». Ce type de pensée est en

---

[14] Leila Slimani, *Sexe et mensonges: La vie sexuelle au Maroc*, Les arènes, 2017, p. 14-15.

[15] Nadia El Bouga, *La sexualité dévoilée, op. cit.*, p. 120.

[16] Leila Slimani, *Sexe et mensonges, op. cit.*, p. 30-31.

[17] *Ibid.*, p. 36.

général très réductrice car il y a d'un côté le beau et le moche, les gentils et les méchants. Le juste milieu et le recul peuvent repasser un autre jour. Dans ce cas précis, cela a des conséquences négatives non seulement sur la femme, mais aussi sur toute la société entière.

Les deux auteures parlent de schizophrénies et de frustrations de la société marocaine qui sont les conséquences d'une société qui blâme la sexualité hors union maritale tout en la tolérant si elle s'effectue « en cachette ». La Hchouma peut être considérée comme une spécificité culturelle qu'il faut respecter, le problème étant qu'elle surpasse le duo Halal/Haram. Le regard et le jugement des autres deviennent plus importants que celui de Dieu.

- <u>Le cadenas est fermé</u>

« Les Marocains sont obsédés par le comportement de " leurs femmes " : elles sont des espèces d'ambassadrice de notre vertu et de notre identité »[18], Sannaa El Aji, journaliste et éditorialiste marocaine.

« Cet hymen c'est en quelque sorte la capitale du corps féminin, il faut le préserver comme une forteresse imprenable. (...) Dans les milieux défavorisés, les filles n'ont souvent pas d'autres capital »[19]. Abdessamad Dialmy, sociologue et professeur d'université.

Il n'y a pas qu'un islam, pour autant lorsqu'il s'agit pour une femme de se marier la question de la virginité est importante. Lire des articles, des livres, rencontrer des femmes et des hommes de confession musulmane permet d'observer que la virginité féminine n'est pas une chose insignifiante à leurs yeux. Dans le cas d'un mariage religieux, même si certains hommes sont enclins à accepter le fait que leur future épouse ne soit pas vierge, il est difficile pour une femme d'avouer qu'elle a eu des relations sexuelles avant son époux car la peur du rejet et le déshonneur que cela risquerait d'amener sur elle et sa famille existe. C'est pourquoi nombreuses sont les femmes en France et à travers le monde qui optent soit pour l'abstinence, soit pour la sodomie, soit pour l'hyménoplastie.

Le regard des autres, la réputation et l'honneur sont des facteurs plus importants que le religieux. Selon le Coran, la sodomie est interdite car elle constitue un acte de « mini-pédérastie ». Les hommes et les femmes préfèrent commettre un double péché : avoir un rapport sexuel avant union et pratiquer la sodomie afin de préserver l'intégrité et l'honneur de la femme pour le jour de son mariage.

---

[18] *Ibid.,* p. 151.
[19] *Ibid.*, p. 137.

Selon L. Slimani et N. El Bouga, les mères ont souvent une part de responsabilité dans la continuité de cette pratique. Elles expliquent que consciemment ou inconsciemment, elles répriment fortement leurs filles sur tous les comportements qui, selon elles, sont sexualisés, tout en tolérant que leurs garçons puissent avoir des relations hors union car ils ont paraît-il, plus de pulsions que les filles, ont besoin d'expériences… Cela engendre donc de l'inégalité entre les hommes et les femmes sur le plan sexuel et social dès leur enfance et adolescence au sein de l'éducation familiale. Le poids de cette culture peut créer chez certaines femmes des cas de vaginisme[20].

« Aujourd'hui, on fait face à une opposition en termes identitaires : le sexe c'est l'autre, l'occident décadent, alors que l'identité marocaine et musulmane s'apparenterait à la vertu et la pudeur »[21], Nabil Ayouch, réalisateur.

Cette virginité féminine peut se transformer en symbole de lutte entre l'Orient et l'Occident. L'article *Images et fantasmes dans le roman de langue arabe*, tiré de la revue *Insaniyat* écrit par Mohamed Daoud, enseignant à la Faculté des Lettres, des Langues et des Arts à Université d'Oran résume cet imaginaire. Cet imaginaire de l'Occident en Orient qui s'est créé entre autres, à travers le roman arabe a des conséquences sur les mentalités. L'Orient qui souffre d'un complexe d'infériorité par rapport à l'Occident féminise l'Occident. La femme occidentale incarne la déchéance de sa civilisation à travers sa sexualité, l'homme oriental représente la virilité. Il mate par sa virilité l'Occident car « dans une société fondée essentiellement, selon les principes du patriarcat et du machisme, la domination de la femme par l'homme sur le plan sexuel ou social, a toujours été depuis la période anté-islamique, un signe de virilité, donc de puissance »[22].

Au-delà du roman arabe, les conservateurs qui ne désirent pas que la condition de la femme musulmane évolue, mettent souvent en exergue cette décadence occidentale qui tend à se répandre jusqu'en Orient (à tort ou à raison). C'est pourquoi, des féministes musulmanes évoquent une troisième voie qui ne calquerait pas le modèle féministe occidentale afin de conserver leurs particularités religieuses et culturelles mais qui permettrait toutefois à la femme musulmane de s'émanciper de ce modèle de société patriarcal aux

---

[20] Vaginisme : le vaginisme (en anglais vaginismus) est un réflexe se caractérisant par des contractions douloureuses des muscles du vagin, et de ceux situés dans son voisinage au moment de la pénétration du pénis. Il s'agit d'une contracture comparable à un spasme involontaire, du seul fait d'une peur incontrôlable, presque phobique, de la pénétration (vulgaris-medical.com).

[21] Leila Slimani, *Sexe et mensonges, op. cit.*, p. 73.

[22] http://journals.openedition.org/insaniyat/7226

interprétations religieuses qui favorise indéniablement l'homme au détriment de la femme.

- « *__La beurette__* »

Dans les années 1980, le terme de « beurette » qui est le féminin de « beur », décrit une femme d'origine maghrébine née en France ou ayant principalement grandi en France. Ce terme n'est ni réellement valorisant ni réellement péjoratif.

Au fil du temps, la définition de beurette a profondément changé. En revanche, la définition de beur n'a pas beaucoup évolué.

J'ai découvert l'évolution de la sémantique du mot beurette au cours d'une discussion sur le sujet « des fille*s* » avec un adolescent, le fils d'un proche qui vit en Bretagne. Ce garçon, élève en 4ème, m'a dit en me montrant une photo : « *cette fille c'est une beurette* ». Cette fille en question était blanche. J'ai tout d'abord souri et lui ai répondu en bon aîné, un tantinet prétentieux « *sais-tu ce que signifie le mot beurette ?* ». Il me répondit « *Oui, c'est une michto' qui se maquille trop, qui parle en wesh et qui utilise des mots arabes du style wallah, etc...* ». Sûr de moi, je lui ai expliqué alors ce que signifiait le terme de beurette (à l'origine).

Plus tard, c'est chez un ami qui vit en concubinage au Havre, que ce terme est revenu. Son amie ne fume pas de cigarette mais fume occasionnellement la chicha. C'est en demandant à son amie si elle fumait régulièrement la chicha que mon ami répondit en blaguant « *oui c'est une beurette à chicha* ». Entre étonnement et rires, je lui ai demandé ce que cette expression signifiait. C'est donc ce jour que j'ai réellement réalisé que le terme de beurette avait vraiment évolué, du moins concernant une bonne partie des moins de 25-30 ans. J'ai interrogé beaucoup de proches et cela a confirmé mon idée : plus une personne est « âgée » et plus sa définition de beurette se rapproche du terme d'origine, plus elle est jeune et plus elle se rapproche de la définition « actuelle ». Une enquête réalisée par un institut de sondage serait pertinente afin d'aller plus loin.

L'avènement d'internet et des sites pornographiques gratuits dans les années 2000 est le principal facteur qui a détérioré le terme de beurette. Le fantasme orientaliste de l'homme blanc qui souhaite dévoiler la beurette soumise à son père et ses frères est ici scénarisé.

La nouvelle définition de beurette n'est pas figée et diffère selon les personnes. En effet, la beurette peut être une fille maghrébine qui abuse des crèmes auto-bronzante ce qui lui confère un teint orangé. Elle a souvent les mœurs légères et aiment traîner dans les bars à chichas, d'où l'expression « beurette à chicha ». Aux yeux de sa communauté, elle peut être considérée comme une « vendue », que ce soit auprès des hommes blancs car elle se détourne des siens et de sa religion ou bien « vendue » aux Noirs, dans ce cas elle est appelée « beurette à khel ». Même si le Noir en question est musulman, cette beurette est mauvaise car elle utilise « l'excuse Bilal » qui était le seul *compagnon* noir de Mahomet, afin de sortir le soir et d'avoir des rapports sexuels hors union.

Nommée anciennement « Lolita », et se rapprochant de la « Kevina » d'Elie Semoun, la beurette peut être aussi une blanche.

La beurette peut être aussi un homme. Un Maghrébin de France peut insulter un autre de « beurette à chicha » pour lui signifier qu'il n'est pas viril, l'équivalent du blanc est le « babtou fragile ». On constate que dans la culture « urbano-banlieusarde-racailleuse » véhiculée entre autre par certains rappeurs, toute forme de féminité chez un homme est automatiquement condamnée. Il faut être un fort, un bonhomme et pas un « fragile ». La rue c'est la loi du plus fort.

Ce que révèle l'évolution de ce terme interpelle. La femme maghrébine qui vit en France est soit une fille respectable (chaste et qui se marie avec un Maghrébin musulman), soit une « vendue », une « salope », etc,… voilà ce qu'est une beurette. Si elle ne s'intègre pas en prouvant qu'elle n'est pas contre le mariage mixte et qu'elle ne fait pas tomber le voile, elle est soupçonnée d'être communautariste. Si elle fait cela, elle peut être considérée par certains membres de sa communauté comme « vendue ». La « rebeu » de France peut éprouver à juste titre le sentiment d'être prise en étau.

Le beur, quant à lui, reste un Maghrébin de France, ni plus, ni moins. Ce terme n'est quasiment plus utilisé chez les nouvelles générations.

En somme, ce qu'il faut retenir de l'évolution du terme beurette est une défaite de la femme dans une société masculine.

- <u>L'esclavage et l'islam</u>

L'esclavage dans le monde arabe existait avant Mahomet et la création de l'islam. Le dernier pays musulman à avoir aboli officiellement l'esclavage est la Mauritanie, en 1980. Par ailleurs ce n'est qu'à partir de 1949 que les pays du Golfe, excepté le Bahreïn (1937), ont interdit tour à tour l'esclavage dans leur pays, le dernier en date est le sultanat d'Oman en 1970.

Dans cette région du monde, l'esclavage n'était pas comparable au commerce triangulaire instauré par les européens. L'esclave n'était pas juste une marchandise car dans l'islam il constitue à la fois un bien personnel et un être humain. Il doit donc être traité d'une façon un tant soit peu décente car ce n'est pas uniquement un objet ou un animal. Aussi, l'esclave pouvait racheter sa liberté contrairement à un esclave envoyé ou né dans le nouveau monde.

74

Les progrès sur le traitement et le taux de libération des esclaves apportés par l'islam dans les sociétés arabes constituent une véritable évolution mais pas une révolution. En effet, bien qu'en admettant le postulat selon lequel Mahomet souhaitait éradiquer ce système ; la société et l'économie arabe de l'époque étant basé en bonne partie sur l'esclavage, cela aurait sûrement compromis l'expansion de cette nouvelle religion. Il n'est pas aisé de faire comprendre à un peuple habitué à ce système que l'esclavage doit disparaître. Ainsi, volontairement ou non, « en prêtant l'autorité morale de l'islam à l'esclavage, Mahomet assurait sa légitimité. Ainsi, en embellissant les fers, il les rivait plus solidement »[23].

- <u>L'esclavage des femmes</u>

« Bienheureux sont certes les croyants, ceux qui sont humbles dans leur Salat, qui se détournent des futilités, qui s'acquittent de la Zakat, et qui préservent leur sexe [de tout rapport], si ce n'est qu'avec leurs épouses ou les esclaves qu'ils possèdent, car là vraiment, on ne peut les blâmer; lors que ceux qui cherchent au-delà de ces limites sont des transgresseurs » s.23, v.1-7.

Le Coran énonce très clairement le fait qu'un homme est autorisé à se marier avec plusieurs femmes, et peut, dans la mesure de ses moyens, posséder des concubines.

Les concubines ne peuvent être des femmes libres, c'est-à-dire musulmanes. D'autant plus si elles sont arabes. C'est pourquoi, l'une des manières les plus courantes d'obtenir des concubines consistait en l'achat d'esclaves femelles.

Plus claire était la peau, plus la valeur de l'esclave était élevée. En effet, « tant que les Circassiennes, Slaves, Grecques et autres Blanches restèrent à des prix abordables, les Arabes les préférèrent aux Noires. Leur rareté fit si bien monter leur prix que, vers le milieu du XVIe siècle, les esclaves blanches représentaient un luxe réservé aux sultans, aux mameluks, aux beys et aux riches. De la fin du XVIIe siècle au milieu du XIXe siècle, le prix moyen d'une esclave blanche atteignit quatre à six fois celui d'une esclave noire de qualité comparable. En Égypte, d'après Lane, une jeune esclave blanche valait trois à dix fois une Abyssinienne »[24].

Cet attrait envers les femmes plus claires de peau telles les Abyssiniennes et surtout les blanches est le fruit de deux facteurs.

---

[23] Murray Gordon, *L'esclavage dans le monde arabe VIIe-XXe siècle*, Éditions Tallandier, 2009, p.25.
[24] *Ibid.*, p. 87.

Le premier réside dans le fait que les femmes sont en moyenne plus claires de peau que les hommes du même groupe ethnique. Les hommes auraient tendance à se diriger vers une femme possédant un teint de peau plus clair car il est synonyme de féminité (cf : page 42).

Le deuxième facteur est l'esclavage. La relation maître/esclave quel que soit le lieu, l'époque ou la forme, ne tire pas sa philosophie dans le management horizontal. Par conséquent, quand il y a cette forme de hiérarchie entre individus, inférioriser intellectuellement l'esclave par des théories et pensées racistes, justifie plus aisément l'esclavage en tant qu'institution. C'est pourquoi certains écrits ont participé à la hausse du racisme dans la société arabe. Ce fut le cas de l'écrivain égyptien Al-Abshihi, du médecin irakien Ibn Butlan dans son traité *comment acheter des esclaves et comment détecter les défauts corporels,* de l'écrivain Al-Jahiz qui « cite quelques vers qu'il attribue au poète...Farazdaq... : " Combien de tendres filles des Zanj* possèdent un four brulant aussi large qu'un bol pour boire " »[25]. Les autres peuples du monde (Européens et Asiatiques) n'étaient pas non plus en reste. Cependant, les penseurs arabes leur reconnaissaient souvent beaucoup plus de qualités intellectuelles et respectaient, dans une certaine mesure, leurs civilisations. Ce qui n'était pas le cas pour la majorité des peuples noirs qui occupaient la dernière place sur l'échelle raciale.

« L'esclavage n'est pas né du racisme, c'est au contraire le racisme qui est une conséquence de l'esclavage »[26]. L'islam n'est pas une religion raciste, elle n'en demeure pas moins expansionniste. Le *djihad* est un des outils qui a permis la diffusion rapide de l'islam.

Il est interdit d'asservir un homme libre (musulman). En somme, un Arabe ne pouvait donc pas être réduit à l'état d'esclave. C'est pourquoi, dans un souci d'approvisionner un marché en perpétuelle demande, certains marchands peu scrupuleux ralentissaient la progression de missionnaires religieux et/ou ne prenaient pas en compte le fait que certaines personnes capturées lors de razzias étaient déjà converties à l'islam. En effet, la religion interdit l'esclavage des musulmans. Le consensus social de l'époque résidait dans le fait qu'un esclave converti après sa capture demeurait malgré tout esclave. C'est pourquoi cette pratique était répandue chez certains marchands. Au-delà de la religion et des époques, un être humain demeure un être à part entière. Certains marchands très pieux respectaient au pied de la lettre cette règle. Au moindre doute, ils relâchaient sans plus attendre les esclaves

---

* Zanj : Côte de l'Afrique de l'Est actuelle.

[25] *Ibid.*, p. 107.

[26] Eric Williams, *Capitalism and Slavery*, New York, Russell and Russell, 1944, p. 7. Cité par M. Gordon dans « *L'esclavage...siècle* », p. 106

musulmans, d'autres non car l'argent est une motivation qui depuis des siècles fait passer certains principes et idéaux au second plan.

En résumé, l'attrait envers les Blanches des Arabes prend, en partie racine dans le racisme envers les noirs réputés, entre autres, plus sales, plus laids, plus animaux car ayant une sexualité débridée. Ces représentations se rapprochent fortement du racisme colonial européen.

- *Quid* de la femme blanche occidentale actuellement ?

En France, les enquêtes ethniques sont interdites sauf autorisation exceptionnelle. Cela a du bon et du moins bon mais le sujet de ce livre n'est pas là. En émettant l'hypothèse qu'elles soient légalisées, aurions-nous plus d'informations concernant les représentations qu'un homme musulman a de la femme musulmane d'origine maghrébine et de la femme occidentale non musulmane qui aujourd'hui est à majorité athée ? Pour moi la réponse est non.

Selon moi, il y a aujourd'hui en France et en Occident une majorité de musulmans dits « modérés ». Au vu de leur nombre, la France serait déjà en état de guerre civile[27] si la majorité des musulmans étaient « extrémistes ». Pour autant, au vu des informations traitées dans ce chapitre, j'estime qu'une majorité de musulmans possède une image plus positive de la femme d'origine arabe et musulmane *a priori* chaste (exceptées les beurettes à chichas) en comparaison avec les autres femmes, d'autant plus si ces femmes sont blanches et athées.

Pour les musulmans considérés comme radicaux ou « plutôt » radicaux la réponse est claire : la femme blanche occidentale qui ne souhaite pas épouser la religion musulmane est une âme en déshérence destinée à l'enfer car elle est née et a grandi dans une société décadente. Étant donné que chaque être humain est différent, certains n'oseront pas commettre le péché de fornication avec elle car c'est une sorte de succube envoyé par l'enfer. Pour d'autres, elle peut tout de même servir d'objet sexuel dans la mesure où elle n'est pas à une ou deux idylles amoureuses près (consenties ou non).

Les musulmans « modérés » peuvent estimer qu'une femme non musulmane ne partage pas la même religion qu'eux sans pour autant la juger décadente et répugnante. En effet, la différence est spirituelle et le respect de l'autre prime avant tout.

---

[27] C'est un fait. Libre à chacun de penser le futur. Je ne fais pas de projections sur un futur qui me semble incertain. En effet, il est difficile d'affirmer pleinement que la population française vivra en paix et en harmonie ou qu'il y aurait d'importants conflits ethniques et/ou religieux Ici, j'ai pris volontairement deux visions radicalement opposées. Le futur peut être plus modéré.

Certains musulmans « modérés » et pratiquants peuvent respecter « l'autre » mais considèrent tout de même que la femme blanche athée est en général plus frivole que la femme musulmane. Cela peut créer une sorte de léger mépris. De plus, bien que les relations sexuelles hors union constituent un péché, celui-ci est majoritairement toléré concernant la gente masculine. En théorie, les femmes musulmanes sont moins enclines à avoir des relations sexuelles hors union que les Blanches athées. C'est tout naturellement que les hommes musulmans qui vivent en Occident ou dans un pays musulman se tourneront vers ces femmes afin d'assouvir leur appétit sexuel.

J'en conclus qu'un musulman pratiquant même « modéré » qui souhaite avoir des rapports sexuels hors union tentera plus facilement sa chance auprès d'une femme blanche, et ce, même s'il est plus attiré physiquement par une femme arabe mais musulmane.

L'éducation, une des priorités

Force est de constater qu'un être humain issu d'un milieu peu aisé voire précaire reçoit une éducation scolaire inférieure tant quantitativement que qualitativement en le comparant à une personne issue de la classe aisée. En effet, la qualité et la durée de l'enseignement sont plus faibles.

En 2015, dans un pays dit développé tel la France, 46 % des enfants d'ouvriers ou d'employés âgés de 20 à 24 ans étudient ou ont étudié dans le supérieur contre 20 % des 45-49 ans. Bien que le niveau de départ étant bas et que l'écart avec les enfants de cadres ou professions intermédiaires (79%) reste prononcé, les progrès sont notables pour peu que cela perdure[1].

Malheureusement, cet écart est d'autant plus prononcé concernant les pays où la répartition des richesses est très inégale. Ici, la priorité n'est pas l'accès à l'éducation supérieure des classes défavorisées mais l'accès à une scolarité qui garantit l'acquis des savoirs de base; c'est-à-dire niveau primaire, voire collège dans les meilleurs cas.

En observant, le manque d'accès à l'éducation et l'inégale répartition des richesses calculées entre autres via l'IDH (Indice de Développement Humain), l'IPM (Indice de la pauvreté multidimensionnelle) et le coefficient de GINI, il est évident que les plans actuels pour tenter d'endiguer ces fléaux au niveau mondial se résume dans un premier temps à cela ; « Maintenant, quels sont les moyens de prévenir la misère publique ? Il faut mettre le pauvre en état de se suffire à lui-même ; il faut dépenser un peu pour l'instruire et le moraliser, afin de ne pas avoir à dépenser beaucoup pour le surveiller et le secourir. (…) Un million d'ouvriers gagnant leur vie par leur travail sont moins embarrassants qu'une centaine de paresseux auxquels il faut distribuer des vêtements et de la nourriture : le nombre n'est rien, c'est l'emploi qui est tout »[2].

Bien que cette citation datant du XIXe siècle puisse sembler extrême, ne reflète-t-elle pas la réalité d'aujourd'hui ? Les

---

[1] Google.fr : « 22 niveau études milieu social ».
[2] Ferdinand-Charles-Philippe d'Esterno, *De la misère, de ses causes, de ses effets, de ses* remèdes, 1842, Guillaumin, European Libraries.
Lienhtml :
http://books.google.com/books?id=vB7yNGc5QewC&hl=&source=gbs_api

personnes les plus misérables ne reçoivent-elles pas une éducation au rabais qui se cantonne à fournir une instruction de base afin que le futur citoyen ne soit pas trop ignare et ingérable ? Pas tout le temps certes, mais pas toujours non plus.

Une hausse de la scolarisation[3] et l'amélioration du système éducatif scolaire « pour tous » au niveau mondial est le pilier qui permettra de réduire les inégalités au sens général du terme. Une meilleure éducation scolaire permet une hausse de la curiosité car, bien souvent, c'est en stimulant l'être humain qu'il se révèle. Stimuler sa pensée et son ouverture sur le monde lui permet de s'émanciper et de doper sa conscience.

Garantir la scolarité des enfants et des jeunes le plus longtemps possible à l'échelle mondiale assure donc la croissance économique, et surtout de l'esprit. Pour que cette croissance soit réelle, il faut donc l'acquis des fondamentaux accompagnés de base en philosophie et en géopolitique entre autres. Selon moi, ces enseignements diminueront les inégalités et les pensées conservatrices. Ils ne les éradiqueront pas mais contribueront à une humanité plus ouverte d'esprit.

« Les effets distributionnels d'une mondialisation inéquitable ont favorisé les progrès de certains segments de la population, excluant les pauvres et les vulnérables »[4].

Je ne suis pas contre le libéralisme économique. La prise de risque au niveau commercial et les longues études doivent être récompensée. Cependant, il serait bon d'envisager une meilleure redistribution des richesses au niveau mondial. Bien que la mise en œuvre n'est pas évidente il faudrait trouver un moyen de récupérer un peu d'argent auprès des personnes les plus riches, c'est-à-dire les multimilliardaires (les millionnaires peuvent dormir tranquilles).

Un soupçon d'humanité de la part d'une infime minorité qui constitue les plus grosses fortunes mondiales favoriserait le développement de tous.

---

[3] En 2015, selon l'UNESCO, un enfant sur dix se voit refuser son droit à l'éducation dans le monde.
[4] RAPPORT SUR LE DÉVELOPPEMENT HUMAIN 2016, PNUD (Programme des Nations Unies pour le Développement), p. 20.

Note aux lecteurs

Ainsi s'achève ce livre. Bien que les écrits et les études à ce sujet soient rares, j'espère vous avoir fourni, au fil des différents chapitres de cet ouvrage, le maximum de réponses concernant l'image de la femme blanche occidentale en France et à travers le monde.

Pour effectuer ce travail, j'ai classé et catégorisé par thèmes. Pour autant, il ne faut pas perdre d'esprit que chaque être humain est différent. Nos origines ethniques, sociales et culturelles forgent une partie de notre personnalité mais pas ce que l'on est, ce que l'on ressent et ce que l'on pense dans sa totalité. A titre d'exemple, quatre frères issus du même père et de la même mère cultivent des idées communes et des différences tout au long de leur vie. Il en va de même pour l'humanité toute entière. Des étrangers (deux personnes qui ne se connaissent pas) peuvent donc, lors d'une rencontre, se trouver des points communs et des différences, qu'ils aient ou non le même épiderme.

Merci de m'avoir lu, bien à vous.

Annexe 1 : Diplomatie.gouv

http://www.diplomatie.gouv.fr/fr/conseils-aux-voyageurs/conseils-par-pays/inde/#securite

- Risques spécifiques pour les femmes

De plus en plus de cas de harcèlements ou d'agressions sexuelles (attouchements, comportements déplacés, exhibitionnisme, voire viols) **sont signalés**. Il est essentiel dès l'arrivée en Inde, particulièrement pour les femmes, et a fortiori celles voyageant seule de prendre certaines précautions :

- tenue vestimentaire : porter de préférence des vêtements longs et garder les épaules couvertes ;
- comportement : se comporter avec retenue envers les ressortissants indiens que l'on peut être amené à côtoyer en voyage ou dans la vie quotidienne (guide, chauffeur, employé d'hôtel ou de maison…).
- déplacements : il est fortement conseillé aux femmes d'éviter de marcher seules ou en couple dans les zones peu fréquentées notamment la nuit tombée (rues peu animées, y compris dans les grandes villes comme Delhi ; ruelles de villages ; plages, etc.). De même, éviter de se retrouver seule, dès la tombée de la nuit, avec chauffeur de taxi, employé hôtel, guide, rencontre occasionnelle…
- Plus généralement, conserver une prudence élémentaire afin de ne pas se mettre en danger et de ne pas susciter de susciter de mauvaises intentions (vols, agressions).

Pour effectuer ce résumé sur la SAPE (Société des Ambianceurs et des Personnes Élégantes) et son histoire, je me suis basé sur plusieurs sources. L'une de celles qui m'a semblé la plus riche est la conférence de Manuel Charpy, historien-chercheur au CNRS et à l'Université Lille 3. Cette conférence s'est déroulée à l'IFM-Paris, fin 2015. Cette annexe se base majoritairement sur cette conférence.

La SAPE est une subculture originaire de Brazzaville et de Kinshasa.
Ces deux capitales sont séparées par un fleuve « Le Congo ».
Brazzaville est la capitale de la République du Congo (ex-Congo français).
Kinshasa est la capitale de la RDC, République Démocratique du Congo (ex-Congo belge).

En 1860, la SAPE n'était pas née, cependant c'est à cette date que le marché de la fripe parisienne (revente de vêtements et d'objets ayant déjà servi) s'est exporté vers l'Afrique de l'ouest et central afin de trouver un nouveau débouché commercial. Certains Africains, dont les Congolais ont commencé à troquer leur habillement traditionnel pour des vêtements et accessoires européens.

Beaucoup de textes de l'époque sur fond de racisme, décrivent avec humour la manière dont ces sauvages noirs s'approprient ces vêtements sans comprendre les codes vestimentaires européens. Cela est relaté dans un des textes de Henry Morton Stanley datant de 1880. Ce texte décrit la rencontre de Stanley avec plusieurs chefs « l'un portant une livrée bleue de domestique, un bonnet phrygien en tricot multicolore et un caleçon de nuance criarde. Alors qu'un autre était vêtu d'une tunique rouge de soldat anglais, d'un chapeau de feutre brun et d'un caleçon à carreaux ».

À partir des années 1910, bien que certaines descriptions soient encore pittoresques, on en trouve de moins en moins. En effet, l'état d'esprit change et la vision qui se veut ironique se transforme petit à petit en vision méfiante. Les Belges commencent à être inquiets de ces noirs s'habillant à la façon européenne et, de plus en plus, de façon élégante. Ce texte d'un militaire datant de 1913 relate ceci : « Ayant su que naguère les européens plaisantaient sur la passion des noirs pour les chapeaux hauts de formes, ils arborent aujourd'hui fièrement d'élégant panama ». Cet extrait démontre l'existence d'une interaction car la population s'habille en fonction des commentaires des colons.

À partir des années 1920, les colons ne plaisantent plus beaucoup. On demande alors à la police de surveiller la manière dont les Congolais s'habillent. Des textes d'indicateurs commencent à paraître. Ces textes détaillent les habits ainsi que leur prix. Cette notion de prix est extrêmement importante, car les colons perçoivent une tentative de renversement des valeurs et de hiérarchie.

Les sapeurs d'aujourd'hui (pratiquants de la SAPE), revendiquent cette filiation, mais aussi celle avec André Matswa. André Matswa, ancien tirailleur rentrant de la première guerre mondiale en Europe, est choqué de son retour à la vie de simple colonisé. En guise de protestation il conserve son uniforme qui lui donnait un statut politique. Par la suite il fonde une amicale anticolonialiste africaine. Dans cette amicale la règle est de venir bien habillé. Cette règle aura une incidence et une influence sur la naissance de la SAPE.

Dans les années 1960-1970, la France pratique une politique d'immigration. Bien que peu nombreux par rapport à d'autres nationalités, des congolais arrivent en France (principalement à Paris). Ces personnes originaires majoritairement du Congo-Brazzaville se créent un surnom : « Les aventuriers »[1].

À cette époque, la France a besoin de main d'œuvre. L'attente envers ces immigrés est simple : ils doivent contribuer à reconstruire et développer la France métropolitaine, ne pas s'installer sur le long terme, et se faire le plus discret possible. Consciente de cela, une bonne partie des congolais va faire l'inverse, et l'habillement permet de se faire remarquer. Certains paradent dans les rues en casque et tenu de colon. Se saper signifie que l'on désire être vu. Le « m'as-tu vu » agit et devient un moyen de lutte politique. L'histoire de A. Matswa est réactivée.

Dans les années 1980, Justin-Daniel Gandoulou[2] théorise cette subculture dans plusieurs enquêtes et livres. Il y décrit certaines pratiques récurrentes. Le sapeur doit entretenir un ventre (avoir une bedaine). Cela permet de lutter contre la vision de l'immigré au corps musculeux et sec. De plus, cela permet de donner une image d'un « homme installé ». Afin d'amplifier cette image, il n'est pas rare que le sapeur cultive une calvitie. Aussi, s'éclaircir la peau est une pratique récurrente chez les sapeurs. Cette pratique a quasiment disparu aujourd'hui bien qu'elle soit encore pratiquée par certains dont un des sapeurs les plus célèbres en France, Norbat de Paris[3]. Cette pratique réside principalement dans le fait qu'une personne de couleur noire bronze (aussi). En effet, comme pour les Blancs, plus un Noir a la peau claire et plus il est

---

[1] « Les aventuriers » : Congolais ayant effectués un séjour en France métropolitaine.

[2] Justin-Daniel Gandoulou : Docteur en sociologie.

[3] Norbat de Paris : Menuisier qui s'est fait connaître du grand public en remportant le concours de « roi du shopping de la semaine » dans l'émission diffusée sur M6 « Les rois du shopping ».

facile d'observer la différence du teint de peau que ce soit avant ou après exposition au soleil.

Les Congolais qui résident à Paris sont moins exposés au soleil que ceux qui vivent à Brazzaville. L'utilisation des produits éclaircissant la peau permet au Congolais, lors d'une « descente »[4] dans son pays d'origine de prouver aisément qu'il vient fraîchement de débarquer en provenance de Paris. Et par la même, d'affirmer son statut « d'aventurier » ainsi que son appartenance à la sapologie parisienne : « le sapeur arbore aussi un teint jaune, soi-disant provoqué par le climat parisien, en réalité le résultat d'une dépigmentation artificielle de la peau »[5].

Le sapeur se réclame du « dandysme », Tout comme le dandy, il cultive l'art de l'élégance, de la finesse et de l'originalité. Cependant, les dandys étaient souvent des jeunes issus de « bonne famille », alors que les sapeurs ne le sont pas spécialement. Tandis que le dandy dilapide l'argent de ses parents, le sapeur lui, doit le trouver. Le sapeur consacre une grande partie de son budget à cela, en parallèle, le dandy y consacre une partie de son argent de poche. C'est donc cette logique financière qui différencie ces deux subcultures.

D'un côté, le sapeur consacre une bonne partie de son budget dans les vêtements afin de briser l'image de l'immigré pauvre et de se hisser, comme de surpasser dans sa tenue vestimentaire, la puissance financière de ses anciens colonisateurs. D'un autre côté, il dépense afin de ne pas construire ni en Europe, ni au Congo son futur. Le symbole ici est le refus du système économique postcolonial qui consiste à envoyer de l'argent gagné en France vers son pays d'origine. Toutefois, le sapeur donne un peu d'argent quand la pression familiale se fait trop ressentir. Cette manière de penser peut se traduire dans le mépris de certains sapeurs qui s'est toutefois amoindri avec le temps, envers d'autres communautés noires-africaines, tels que les Maliens.

En 1971 en RDC, Mobutu était le dirigeant du pays. Il créa une version zaïroise[6] du costume occidental. Il la nomma « l'abacost » qui signifie « à bas le costume ». Il était donc devenu interdit de porter un costume autre que celui-ci. Par conséquent, se saper fut un des symboles de luttes contre le

---

[4] « Descente » : terme de sapeur qui consiste à effectuer un séjour au Congo. Le sapeur résidant au Congo ne peut se revendiquer comme un vrai sapeur que s'il a effectué au moins une fois « l'aventure », inversement le sapeur parisien doit effectuer le plus régulièrement possible des « descentes » afin de se confronter aux sapeur résidant au Congo.

[5] Dorier-Apprill Elisabeth, Kouvouama Abel et Apprill Christophe, *Vivre à Brazzaville*, Édition Karthala, 1998, p. 74.

[6] Zaïroise : signifie originaire du Zaïre, ce nom fut donné à l'actuel RDC, à sa monnaie et à son fleuve (Le Congo) afin de continuer à s'inscrire, selon Mobutu, dans un procédé de décolonisation.

régime. L'histoire prouve que se saper n'est pas uniquement un moyen de contestation anticolonial, mais aussi un symbole de lutte contre toutes formes de régime restrictif.

Aujourd'hui, et ce pour des raisons historiques et géographiques, on retrouve en majorité des sapeurs de l'ancien Congo français en France et des sapeurs de l'ancien Congo belge en Belgique. Un exemple cinématographique qui relate cela est le film « Bienvenue à Marly-Gaumont ». Cette histoire tirée de faits réels, qui a vu le jour grâce à Kamini[7], retrace la vie de la famille zaïroise Zantoko lors de son arrivée à Marly-Gaumont. Dans ce film la mère de famille évoque fréquemment le fait qu'elle souhaite déménager à Bruxelles : c'est une grande ville, mais c'est surtout là où réside la majorité de sa famille et de ses amis.

La SAPE, bien que connue superficiellement par le grand public a su impacter notre vocabulaire, il n'est pas rare d'entendre des personnes utiliser l'expression « se saper » qui signifie aujourd'hui dans le jargon français s'habiller. J'ai moi-même utilisé cette expression bien avant d'avoir connaissance de cette subculture. En réalité le mot français sape signifie détruire les choses à la base. Il y a donc un double sens. Se saper signifie bien s'habiller mais également détruire. Il s'agit ici de détruire l'ordre colonial et l'ordre économique établi. Ce style de jeux de mots constitue le langage du sapeur. Il aime jouer sur les doubles sens. Certains sapeurs s'attribuent des surnoms. Par exemple le sapeur « Docteur » soigne les apparences, monsieur « Mic-Mac » exaspère le français, c'est à dire la langue et le peuple français.

Des artistes et des sportifs contribuent à sa reconnaissance. C'est le cas de Maitre Gims en duo avec le rappeur congolais Niska qui ont rendu hommage à leurs origines avec le tube *Sapés comme jamais* et qui aussi, effectuent un clin d'œil à Norbat de Paris. Le footballeur Rio Mavuba a effectué une apparition dans le clip musical de *Sapés comme jamais*. L'humoriste Dycosh a fait une vidéo à ce sujet où il imite une posture de sapeurs en la surnommant « équilibre » qui fut reprise par le tennisman Gaël Monfils lors d'une célébration durant un match. L'équilibre est une expression signifiant l'équilibre des couleurs. Certains sapeurs ne jurent que par le respect de la « trilogie des couleurs ».

---

[7] Kamini : L'un des premiers chanteur/humoriste à s'être fait connaître en 2006 par l'intermédiaire d'une vidéo postée sur internet en France. Sa chanson phare « Marly-Gaumont » retrace avec humour l'enfance et l'adolescence d'un jeune noir d'origine zaïroise dans un petit village de Picardie.

Remerciements

Un grand merci à Léna et ma mère pour leurs nombreuses relectures et leurs conseils.

Je remercie Guilvic qui m'a donné la motivation initiale pour réaliser cet écrit et sa compagne Kristina pour ses critiques.

Je tiens également à remercier chaleureusement ma sœur, mon père, ma tante Françoise, mon oncle Alain, mes cousins Guillaume et Hugo, mon cousin Nicolas et son amie Marine, mes collègues Tibo, Bastien, Solenn, Nader, Jamie et Alexandre.

Merci à Vincent et Hélène que j'ai rencontré au lycée Yves Thépot à Quimper.

Enfin, merci à Guillaume pour cette superbe couverture.

Joseph

www.ingramcontent.com/pod-product-compliance
Lightning Source LLC
LaVergne TN
LVHW091728190726
843493LV00001B/500